北京市教委社科重点项目暨北京市社会科学基金项目
（项目编号 SZ201110038020）

祝尔娟 叶堂林 等 著

北京建设世界城市
与京津冀一体化发展

CONSTRUCTION OF BEIJING FOR
THE WORLD CITY
AND
THE INTEGRATION OF
BEIJING-TIANJIN-HEBEI
REGION

社会科学文献出版社
SOCIAL SCIENCES ACADEMIC PRESS (CHINA)

课题负责人

祝尔娟

课题组成员及任务分工

第一章　研究背景

　　祝尔娟（首都经济贸易大学教授）

　　牛立超（民生银行博士后）

第二章　理论研究

　　第一节　文献梳理　李　磊（首都经济贸易大学博士生）

　　第二节　国际借鉴　邬晓霞（首都经济贸易大学副教授）

　　第三节　规律探讨　王得新（天津行政学院副教授）

第三章　实证分析

　　第一节　水平测度　齐子翔（首都经济贸易大学博士生）

　　第二节　发展评估　吴庆玲（首都经济贸易大学副教授）

　　　　　　　　　　　毛文富（首都经济贸易大学博士生）

　　第三节　机遇挑战　祝　辉（首都经济贸易大学博士生）

叶堂林（首都经济贸易大学副教授）

第四章　战略研究

　　第一节　目标定位　申现杰（中国人民大学博士生）

　　第二节　发展思路　祝尔娟（首都经济贸易大学教授）

　　　　　　　　　　　张贵祥（首都经济贸易大学教授）

　　第三节　实现路径　申现杰（中国人民大学博士生）

第五章　突破口研究

　　第一节　战略重点　祝尔娟（首都经济贸易大学教授）

　　　　　　　　　　　叶堂林（首都经济贸易大学副教授）

　　第二节　战略实施　申现杰（中国人民大学博士生）

　　第三节　制度保障　叶堂林（首都经济贸易大学副教授）

　　　　　　　　　　　齐子翔（首都经济贸易大学博士生）

前　言

《北京建设世界城市与京津冀一体化发展》一书是"北京市教委社科重点项目暨北京市社会科学基金项目"（项目编号 SZ201110038020）的最终成果。本项目由首都经济贸易大学祝尔娟教授主持，课题组由首都经济贸易大学"首都圈研究团队"的教授、副教授、博士生共 12 人组成。该项目 2011 年立项，2013 年底完成，历时 3 年。其间，课题组做了大量文献梳理、实地调研、专家座谈与集中研讨等工作，对北京建设世界城市与国际化进程、京津冀资源环境及承载力状况、产业发展与升级、城市群规模结构与空间结构、区域一体化进程及协调机制等问题进行了多角度和多层面的深入研究。在课题研究的三年中，相继完成了《京津冀区域一体化发展报告（2012）》（2012 年出版）、《京津冀发展报告（2013）——承载力测度与对策》（2013 年出版）、《京津冀发展报告（2014）——城市群空间优化与质量提升》（2014 年出版）、《京津冀产业发展升级研究——重化工业和战略性新兴产业现状、趋势与升级》（2011 年出版）、《促进首都经济加快融入世界产业新格局研究》（2012 年出版）、《提升滨海新区国际化水平研究》（2012 年出版）等科研项目和学术专著，这些研究都为完成本课题奠定了坚实的基础。

2013年，我们在已形成的初稿基础上，重点加强了三方面研究：一是在理论梳理的基础上，加强了对世界城市与所在都市圈共生互动机理和演进规律的研究；二是加强实证分析，重点对北京建设世界城市进行水平测度与对京津冀都市圈的基础实力、产业支撑、城市群结构以及城市间经济联系度的发展进行评估；三是加强应用性对策研究，重点探讨了北京依托京津冀建设世界城市的实现路径、突破口选择以及制度保障。在课题预评审之后，又根据专家提出的修改建议，重点对研究报告的理论基础、实证分析、战略重点、制度保障等部分进行了认真修改和进一步完善。最终呈献给各位专家的成果是一份10余万字的研究报告，凝结了我们三年的研究心血和智慧结晶。

本书分为研究背景、理论探讨、实证分析、战略研究和突破口选择五章内容。第一章研究背景，重点从国家战略、区域发展目标以及北京自身发展的内在要求三个方面，论证了北京依托首都圈建设世界城市的必要性。第二章理论探讨，重点进行了理论梳理、国际借鉴和规律探讨，从理论上论证了北京依托首都圈建设世界城市是其必然选择。第三章实证分析，重点对北京建设世界城市的进程、水平以及京津冀都市圈的总体发展状况进行定性、定量分析，从比较研究中找到京津冀的主要差距和问题，进而分析北京依托京津冀建设世界城市面临的重大契机，这些都为北京依托首都圈建设世界城市提供了现实依据。第四章战略研究，重点分析了北京及京津冀都市圈的目标定位和发展思路，并探讨了北京依托首都圈建设世界城市的实现路径。第五章突破口选择，重点有三个：一是提出北京建设世界城市应从三个突破口入手来推进；二是按照我们提出的京津冀三地产业、城镇、生态一体化的发展思路，聚焦北京新机场、新航城建设，提出了我们的具体实施方案和战略构想；三是探讨了推进区域一体化的制度保障。

本书的主要建树和基本观点如下。

第一，在"研究背景"方面，重点从三个方面入手展开分析。一是从世界、中国和北京三个视角来分析北京建设世界城市是国家战略需要：后金融危机时代到来迫切需要中国走向世界经济中心舞台，中国经济的快速崛起迫切需要北京加快世界城市建设，北京已经进入后工业化阶段，建设世界城市的条件日益成熟。二是分析了首都圈在国家战略格局中的重要地位：打造国家参与全球竞争和国际分工的世界级城市群；中国乃至世界的研发创新、高端服务和"大国重器"的集聚区；带动中国北方向东北亚、西亚、中亚、欧洲全方位开放的门户地区；中国未来最具活力的核心增长极点和新型城镇化的示范区。三是论证了依托区域建设世界城市是北京的必然选择：有利于疏解北京承载压力，寻求新的发展动力和更大的发展空间；有利于提升北京及其所在区域的经济整体实力；有利于增强北京对全球经济的影响力和控制力。

第二，对世界城市与所在都市圈的相互关系及其规律进行了探讨。一是世界城市的崛起离不开所在区域的支撑。本书在系统梳理世界城市与都市圈关系的理论基础——专业化分工理论、集聚经济理论、共生理论、空间相互作用理论和案例剖析世界城市及都市圈发展实践的基础上，认为世界城市形成于世界增长中心地区和最具实力的城市群之中；世界城市的发展需要所在区域的强大支撑；世界城市是中心城市与所在区域相互作用的产物；世界城市对全球经济的影响力和控制力有赖于区域分工与整体实力。二是世界城市是所在区域的核心中枢、科技先导和增长引擎。都市圈演进的三个阶段，中心城市都起着关键性推动作用：中心城市向服务经济转型，促进单核都市圈形成；中心城市向创新经济转型，促进多核心都市圈合作发展；中心城市向信息经济转型，促进多中心网络化大都市圈协调发展。三是都市圈为世界城市提供要素、空间和发展平台等支持。在中心城市集聚极化阶段，所在区域为中心城市提供要素支持；在单中心都市圈形成阶段，所在区域为中心城市疏解压力、拓展空间；在多中心网络化大都市圈阶段，所在区域与世界城市共同打造更高的发展平台。

第三，从对伦敦、纽约和东京等世界城市形成条件和发展历程以及与所在都市圈互动关系的研究中得到的借鉴与启示：一是北京世界城市发展模式选择，政府主导、市场为辅是最佳模式；二是加强规划引导，为发展提供强大动力；三是完善法律体系，为发展提供制度保障；四是建立可行的跨行政区协调机制，为区域协调发展提供机制保障；五是完善城市体系建设，优化世界城市和都市圈的空间结构；六是加强分工协作，为发挥区域整体效能提供动力和支撑；七是推进基础设施一体化建设，为区域发展提供硬环境支持；八是加快创新型城市建设，构筑人才聚集地，为发展提供智力支持。

第四，运用因子分析方法，从硬实力、软实力、影响力和承载力四个方面将北京与伦敦、东京、纽约、香港等世界城市进行比较研究，得出以下基本结论。（1）城市硬实力——世界500强企业总部高度集聚，但总体实力还欠缺。反映硬实力的核心指标主要是人均GDP，北京市人均GDP（2012年）仅为纽约的1/4、伦敦的1/6、东京的1/3。另外，北京吸引外资的规模（FDI）仅为纽约的1/10、伦敦的1/5，这些指标都拉低了北京的硬实力。（2）城市软实力——研发支出占比名列前茅，城市软环境有待改善。北京的研发支出占比指标对提升城市软实力的贡献较大，在6个城市中排名第一，并且是其他世界城市的数倍，反映这些年北京实施科技、文化"双轮"驱动战略成效显著。（3）城市影响力——外贸、航空客运、承办大型国际会议具有明显优势，但全球联系指数较低，北京的该指标仅为纽约和伦敦的1/2。北京金融中心指数与其他世界城市相比差距虽不是很大，但其影响力主要局限在国内。（4）城市承载力——北京吸纳力强而承载力弱，资源环境处于超载状态，提升空间有限。总体评价——北京的软实力、硬实力和影响力都有待提升，与全球公认的世界城市相比还有较大距离和提升空间。

第五，从资源禀赋、总体实力、产业支撑以及城市间经济联系度四个方面，对北京建设世界城市所依托的京津冀都市圈基础进行了综合分析，得出如下基本结论。(1) 资源禀赋——优势明显，压力增大。(2) 经济实力——中国第三大经济引擎，但总体实力仍有待提升：中国的第三大经济引擎，技术研发优势显著；与世界级大都市圈比较，具有总量优势，但人均水平不足；与长三角、珠三角比较，总体实力有差距且区域内发展不平衡。(3) 产业基础——重化工业基础雄厚，新兴产业和高端服务优势明显：京津冀重化工业总体发展呈快速增长态势；在全国具有举足轻重的地位，尤其有本土资源优势的重化工业优势明显；战略性新兴产业快速成长；高端服务优势明显，尤其是北京在科技研发、文化创意、金融服务等方面全国领先；京津冀区域各具特色的产业分工格局正在形成；在区域竞合中产业正在向优势区域集聚，空间布局正在优化整合，但经济转型和产业升级迫在眉睫。(4) 城镇体系——"中心-外围"格局显著，区域内不平衡性加剧：城镇体系结构呈"哑铃"形，人口分布呈"倒金字塔"形；区域内经济联系不断增强，城市间差距持续拉大；京津两中心城市辐射能力增强；"双核"极化效应明显，区域内不平衡性仍在加剧。(5) 突出问题——总体实力不强、经济关联度不高、城镇体系不合理、缺乏有效的区域协调机制等。

第六，探讨了北京依托京津冀建设世界城市的基本思路与实现路径。基本思路：以北京向后工业化阶段跃升为契机，推进产业升级与区域产业整合；以京津冀区域规划为导向，推进三地重大举措的战略对接；以打造首都经济圈为核心，推进三地产业、城镇、生态一体化；以构建跨界治理协调机制为保障，实现区域一体化的战略突破。实现路径：按照新型产业分工理论，重构区域产业分工格局；按照承载力和吸纳力情况，重构京津冀大中小城市合理格局；按照资源生态有偿共享原则，共建低碳绿色生态宜居家园；按照市场导向、政府服务原则，完善跨界治理与区域协调机制。

第七，以北京新机场、新航城建设为例，探讨了如何按照京津冀三地产业、城镇、生态一体化的发展思路去实施的方案与构想。本书认为，北京新机场的建设为改善北京中心城区功能、改变首都南北发展不协调局面带来重要契机；是提升北京世界城市国际影响力和控制力的重要引擎；也是打造首都经济圈、推进京津冀一体化发展的重要突破口。本书按照京津冀三地产业、城镇、生态一体化的发展理念，提出北京新机场、新航城建设的具体构想：依托首都第二机场临空经济区推进产业功能整合；打造首都城市副中心，疏解首都中心城区部分功能；推进临空小城镇建设，提升区域产城融合发展水平；规划建设绿色走廊和生态圈，提升临空经济区生态保障功能；加强新机场外围交通规划与衔接，打造现代综合交通体系。为保障这些战略举措的顺利实施，本书提出了京津冀共同申报跨国家级临空经济区域合作示范区；创新北京市域经济发展资源的内部统筹协调机制；完善跨区域协调沟通与利益分享机制；完善跨行政区统一规划、统一建设机制等一系列制度性保障措施。

第八，本书探讨了北京依托首都圈建设世界城市的战略突破口，提出应抓住重大契机，积极推进区域一体化。一是以谱写京津"双城记"为突破口，助推北京建设世界城市。本书认为，从国家战略来看,我们要打造的首都经济圈,应当是能够与长三角和珠三角并驾齐驱的、具有国际影响力和控制力的世界级大都市圈,是我国整合世界资源的重要平台、带动中国经济快速发展的三大经济航母之一。这一点决定了首都经济圈发展不可能也不应该绕开天津。从区域发展来看,京津合作,事关全局。北京与河北的合作,更多的是资源互补性合作、产业价值链布局合作以及生态合作;而北京与天津的合作,由于经济技术水平接近、产业结构错位、资源禀赋各异,更多的是城市功能的分工合作、强强联合的合作(如金融合作、科技合作、物流合作、海空港合作、生产性服务业与现代制造业合作、教育医疗合作等),合作领域更宽,影响更深远,因此是推进首都经济圈一体化的核心和关键。只有京津联起手来,首都经济圈发展才有可能取得突破性进展与质的飞跃,才有可能把首都经济圈打造成为世界级高端服务业基地、中国科技创新能力最强的科技高地、北方国际金融中心、国际航运中心和国际物流中心。二是优化空间结构,在"点、轴、带、圈"上实现重大突破。首先,以北京新机场建设为契机,京津冀联手共建国家级"临空经济区域合作示范区";其次,依托天津滨海新区,京津冀共建中国投资和服务贸易最便利的综合改革创新区;再次,抓住京津冀三地优化空间结构的机遇,京津冀共建国家级"京津科技新干线";最后,抓住北京中心城区功能改善的机遇,共建首都绿色生活圈。三是突出市场主导,强化空间网络联系,提升城市群质量。充分发挥市场机制的决定性作用,促进区域内要素流动、产业链接和资源整合;充分利用现代科技手段，如大数据时代信息网络技术和高铁轨道交通等现代交通通信条件，密切城市间的经济联系；充分发挥北京和天津的对外开放门户作用，提升京津冀城市群对世界经济的影响力、竞争力和控制力。

第九，探讨了跨界治理的区域协调机制与制度，提出要构建包括横向协商机制、纵向仲裁机制、利益分享机制、成本分摊机制与生态补偿机制在内的区域协调机制体系；建立京津冀联席会议制度，促进区域紧密合作和规划对接；建立京津冀区域发展委员会，从顶层设计上保证区域一体化发展；构建区域发展银行和创新区域投融资机制，探索构建"你中有我、我中有你"的命运共同体等区域合作模式。

目 录

第一章 研究背景 …………………………………… 001

第一节 北京建设世界城市是国家战略的需求 ………… 001

第二节 首都圈发展的目标是打造世界级城市群 ……… 003

第三节 依托区域建设世界城市是北京的必然选择 …… 010

第二章 理论探讨 …………………………………… 013

第一节 文献梳理 ………………………………………… 013

第二节 国际借鉴 ………………………………………… 042

第三节 规律探讨 ………………………………………… 074

第三章 实证分析 …………………………………… 088

第一节 北京建设世界城市的水平测度 ………………… 088

第二节 首都圈基础的发展评估 ………………………… 109

第三节 主要问题与发展契机 …………………………… 132

第四章 战略研究 ………………………………………… 138
第一节 目标定位 ………………………………………… 138
第二节 发展思路 ………………………………………… 140
第三节 实现路径 ………………………………………… 145

第五章 突破口选择 ……………………………………… 152
第一节 战略重点 ………………………………………… 152
第二节 战略实施——以北京新机场、新航城建设为例 …… 164
第三节 制度保障 ………………………………………… 173

参考文献 …………………………………………………… 181

附录 阶段成果 …………………………………………… 186

第一章 研究背景

第一节 北京建设世界城市是国家战略的需求

一 世界经济政治格局正在重新洗牌,后金融危机时代到来迫切需要中国走向世界经济中心舞台

世界经济政治格局正在重新洗牌。世界经济发展重心正在从大西洋向太平洋转移。后金融危机时代,全球经济增长乏力,缺少强有力的经济引擎带动世界经济走出低谷。世界金融体系正在重建,美国在全球经济总量中所占份额以及金融体系中的全球地位都在下降。日本于2012年成为世界第一大债务国。世界各大经济体纷纷将希望寄托在以中国为代表的"金砖五国"上。发达国家希望找到合适的引领者把世界经济拽出泥潭,新兴工业国家也希望有一个合适的代言人为其说话,增加其与发达国家对话的筹码。当前世界政治经济格局的深刻变化,为中国走向世界中心舞台提供了重要的战略机遇。

二 中国经济的快速崛起，迫切需要北京加快世界城市建设

进入21世纪的中国，经过30多年的改革开放，综合实力显著提升，世界话语权日益增强。2009年中国GDP超过日本成为世界上仅次于美国的第二大经济体；2011年中国的城镇化率达到51.27%；2012年党的十八大以来，建设中国特色的新型工业化、信息化、城镇化和农业现代化步伐加快，力图推动信息化和工业化深度融合、工业化和城镇化良性互动、城镇化和农业现代化相互协调，来促进"四化"同步发展。可以预见，中国作为世界经济大国正在迅速崛起，国家发展战略迫切需要北京、上海等巨型城市加快建设世界城市的步伐，构建起中国经济与世界经济紧密融合的桥梁和纽带，尽快提升其对世界经济的影响力和控制力，进而带动我国世界级大都市圈和城市群的快速发展，构筑起整合全球资源和高端要素的发展平台，推动中国从世界"制造大国"向世界"创造大国"迈进。

三 北京已经进入后工业化阶段，建设世界城市的条件日趋成熟

北京的经济实力即将跻身世界高收入水平地区之列。2012年北京的人均GDP已经超过13000美元，进入世界高收入水平地区行

列，这既是量的提升，更是质的跨越。北京的科技创新能力全国领先，科技创新已经成为北京经济社会发展的内在驱动力，北京正在步入创新主导型社会。产业结构呈现服务主导、科技主导的高端化趋势，标志着北京已经迈向后工业化社会。北京已进入对外开放的全新发展阶段，正在朝着世界级城市迈进。居民生活质量明显改善并开始步入富裕型阶段。"人文北京、科技北京、绿色北京"三大理念正在成为北京现代文化的基础，特别是北京奥运会不仅提升了北京的综合竞争力，也极大地提升了城市文明程度和软实力，扩大了北京的国际影响力。以厚重的历史文化为载体，以丰富的奥运理念为基础，以高端的国际化 CBD 为起点，北京打造建设世界城市的文化软实力正在不断提升。随着中国在世界舞台上影响力的提升，北京天然的政治中心优势，经济的持续良好发展，深厚的文化底蕴以及成功举办奥运会的经历和经验等都将为北京建成世界城市奠定重要的基础。

第二节 首都圈发展的目标是打造世界级城市群

我们所研究的首都圈是"2+11"的京津冀全域，这与国家发改委正在制定的"首都经济圈"规划范围（即京津冀全域）是一致的。之所以称其为首都圈，是为了突出以下几层含义：一是强调都市圈，主要是为了突出中心城市与周边地区的相互依存、共生互动的相互关系，以便于研究其发展的内在机理和趋势规律；二是突出首都北京作为中心城市给所在区域带来的独有优势和特色，这是中国其他都市圈所不具备的；三是强调该都市圈是一个圈层状、动态化、开放式的区域范围，本书重点研究的是京津冀全域，实际上随着首都圈的进一步发展和区域经济联系度的不断加强，首都圈的范围将会进一步涵盖山西、内蒙古、山东等部分地区；四是强调首都圈，不仅仅是一个经济圈，还是社会圈、文化圈和生态圈，是一个经济、社会、文化、生态全面一体化的都市圈。

首都圈在中国经济版图和国家战略格局中具有十分重要的战略地位，其发展目标应当是打造国家参与全球竞争和国际分工的世界级城市群；中国乃至世界的研发创新、高端服务和"大国重器"的集聚区；带动中国北方向东北亚、西亚、中亚、欧洲全方位开放的门户地区；中国未来最具活力的核心增长极点和新型城镇化的示范区。

一 国家参与全球竞争和国际分工的世界级城市群

"中国转型"和"中国崛起"需要世界级城市群的支撑。进入21世纪，随着经济全球化、区域一体化以及中国城市化的步伐加快，高速铁路、下一代互联网等交通设施和信息技术等的突飞猛进式发展，中国已进入以特大城市为核心的都市圈和城市群快速发展的重要阶段。有专家指出,城市群是中国未来经济发展中最具活力和潜力的核心增长极,主宰着国家经济发展的命脉。目前中国的23个城市群,占全国土地面积的21.5%、占总人口的56%、占GDP的80%、占内资的68%、占外资的92%。[①] 城市群正在成为国家参与全球竞争与国际分工的全新地域单元,并影响着21世纪全球经济的新格局。中国作为世界第二大经济体,需要建设若干个能够对世界经济产生影响力和控制力的世界城市以及以其为核心的世界级城市群。从建设世界城市的综合实力来看,北京和上海都有这种可能。同样,京津冀城市群与长三角、珠三角也是中国最有可能建成世界级城市群、实施全球化战略、参与全球竞争和国际分工的地区。在我国东部沿海地区,加快世界城市建设,打造若干个世界级城市群,可为我国在全球范围内进行资源优化配置、产业重构升级提供更大的操作平台和"经济航母",并通过发挥它的集聚效应和对内地经济的带动辐射作用,推动中国经济的快速崛起。

我们所研究的京津冀城市群,是以北京和天津为核心,包括河北省全域的大都市地区。京津冀地区是一个面积约21.62万平方千米、海陆兼备的特殊地理区域,具有地域的完整性和较强的人文亲缘性,在区位、人力、技术和资源方面具有天然互补优势,是我国最重要的政治、经济、文化与科技中心,拥有完整齐备的现代产业

---

① 引自2013年12月7日中国科学院方创琳教授在首都经济贸易大学主办的"2013首都圈发展高层论坛"上的大会发言。

体系，也是国家自主创新战略的重要承载地。京津冀城市群的核心城市之一是首都北京，因而具有其他城市群所不具有的首都优势，是国家政治中心、信息中心、国际交流中心，拥有总部经济优势、全国市场优势以及全国科技教育最发达、智力资源最密集等优势，在我国区域发展中具有极其重要的战略地位。京津冀城市群的发展目标之一，就是建成世界级规模的城市群。

二 中国乃至世界的研发创新、高端服务和"大国重器"的集聚区

京津冀城市群拥有全国最多的高等院校、国家一流的科研院所、现代产业集聚区等创新资源，科技人才密集，产业基础完备，创新环境优越，未来发展的目标之一就是建设成为世界级的研发和创新创业基地、高端服务和高端制造的集聚区。北京的产业已呈现服务主导和创新主导的服务经济、总部经济、知识经济和绿色经济等首都经济鲜明特征。未来将重点发展现代服务业和高端制造业，使其成为区域内现代制造的研发中心、创新中心、营销中心及管理控制中心，占据产业链条的高端位置，是京津冀城市群制造业与国际先进制造业的重要对接平台。天津已进入工业化后期的技术集约型和产业高端化阶段。航空航天、石油化工、装备制造、电子信息等八大优势产业产值已占工业总产值的九成，呈现高新技术产业与重化工业并重、现代制造与现代服务并举的突出特征。未来将重点

打造先进制造研发转化基地（如大飞机、大火箭、大造船、大无缝等）、北方国际航运中心和国际物流中心。河北省已进入工业化的中期阶段，产业呈现出资源加工型、资本密集型的突出特征，目前正在加快产业结构调整和升级步伐。未来将重点发展高新技术产业和沿海重化工产业带。"十二五"期间是京津冀地区经济转型、产业升级的重要阶段，也是区域产业合作与合力打造世界级研发创新、高端服务和"大国重器"集聚区的重要时期。

三 带动中国北方向东北亚、西亚、中亚、欧洲全方位开放的门户地区

从国家对外开放的战略格局来看，中国要走向世界、拓展国际空间和世界影响，其国际战略大通道主要有4条，即东北亚通道、中亚通道、南亚通道和东南亚通道。中国境内对接东北亚通道和中亚通道的开放前沿区域均在北部地区。京津冀地区正处于东北亚经济圈的中心地带，也是连接欧亚大陆桥的战略要地。在当今世界，东北亚已经成为全球经济中最具活力和发展潜力的地区之一，区域GDP约占世界GDP的1/5，占亚洲GDP的70%以上；而蕴藏着丰富资源的中亚国家，正成为世界大国角力的重要区域。加快京津冀城市群建设，不仅有利于我国扩大向东北亚开放，而且可以充分利用天津——这一亚欧大陆桥的桥头堡，通过欧亚高铁从二连浩特、满洲里等口岸进入俄罗斯以及欧洲；通过中亚线路从乌鲁木齐阿拉

山口口岸进入中亚最终到达德国，进而带动我国北方以及西部的开放，使中国对外开放格局由总体上"向东向南开放"进而扩展为"向西向北开放"乃至"全方位开放"。它不仅可以使西部居民的收入水平提高，与东部的不平等程度下降，进而促进区域的协调发展，而且可以带动我国周边发展中国家的经济增长，扩大中国经济的影响范围，形成以中国为核心的欧亚大陆经济圈，进而降低美国通过海洋通道对中国政治经济的战略钳制。当中国彻底打开与南亚、中亚、西亚、中东、北非以及东欧的陆上通道时，东亚和东南亚以及环太平洋地区对中国的战略意义必将随着马六甲海峡一起下降。在新的丝绸之路战略下，这种"向西向北"的对外开放，关系到国家战略安全的大局，意义重大。

四 中国未来最具活力的核心增长极点和新型城镇化的示范区

随着中国城镇化和工业化进程的加快推进，京津冀城市群正在成为未来中国经济格局中最具活力的核心地区和引擎地区。京津冀城市群土地面积占全国的1.9%，人口占全国的6.20%，区域生产总值（2012年）占全国的10.0%，其经济密度和人口密度都高于全国平均水平，客观上成为推动我国经济发展的主引擎之一，在全国生产力布局中起着战略支撑点、增长极点和核心节点的作用，发挥着生产要素、商品贸易的集聚和扩散功能，对中国经济的发展起到示范和带动作用。

在未来一段时期内,京津冀城市群面临空间优化和质量提升的艰巨任务,在建设新型城镇化、打造更具国际竞争力城市群方面要起到示范带动作用。中国社科院魏后凯研究员指出[①],近年来,我国的城市化规模结构,一方面大城市个数和比重在不断增加,人口和空间规模急剧膨胀,出现了"大城市病";另一方面中小城市比重甚至个数在减少,小城镇相对衰退,城镇人口规模分布有向"倒金字塔形"转变的危险。与此同时,我国的城市化空间结构也存在失衡现象,珠三角、长三角、京津冀等城市群日益逼近资源环境承载力的极限,而中西部中小城市和小城镇由于缺乏产业支撑和公共服务,就业岗位和人口吸纳能力严重不足。在中国,如果说中西部地区是我国大力推进工业化和城镇化的主战场,那么东部地区则重在经济转型和产业升级,推进城镇化的重点是结构优化和质量提升。作为地处东部地区的京津冀城市群,未来一段时期的发展重点,是要科学规划城市群规模和布局,增强中心城市对区域的辐射带动作用,充分发挥中小城市和小城镇在产业发展、公共服务、吸纳就业、人口集聚等方面的功能,促进产业和城镇联动发展,经济社会生态融合发展,大中小城市协调发展,在全国率先走出一条"以

---

① 引自魏后凯研究员在 2013 年 12 月 7 日首都经济贸易大学主办的"2013 首都圈发展高层论坛"上的大会发言。

人为本、集约智能、绿色低碳、城乡一体、四化同步"的中国特色新型城市化道路，积极稳步地向更具国际竞争力的世界级城市群迈进。

第三节　依托区域建设世界城市是北京的必然选择

一　有利于疏解北京承载压力，寻求新的发展动力和空间

对任何一个城市来说，地理位置、气候条件、水资源、土地供给、能源供给等资源禀赋都是有限的。如果资源耗尽，意味着城市将面临不可持续的重大危机。但是，一个城市难以解决的发展难题，是有可能在更大的区域范围内得到破解的。北京目前的城市综合承载力面临严峻挑战，人口、土地、水资源、环境、交通等承受重压，北京城市的未来发展，已经无法靠自身力量继续前行，必须加强区域合作。比如北京建设"绿色北京"，需要河北的支持和京津冀生态环境共建；区域性基础设施网络建设，也需要首都圈共建共享。无论是从增强经济实力、破解发展瓶颈来看，还是从提升城市的影响力和控制力来看，北京都需要积极推进首都圈一体化进程，在更大的区域范围内缓解资源环境压力，寻求新的发展动力和更大的发展空间。

二 有利于提升北京及其所在区域的整体经济实力

一般来说，经济总量决定经济地位。世界城市需要具备的支撑条件主要是：一定的经济规模、经济高度服务化、聚集世界高端企业总部、区域经济合作紧密、国际交通便利、科技教育发达、生活居住条件优越。近年来，北京在综合经济实力、产业结构优化升级、基础设施建设、国际化程度等方面取得了长足的进展，已基本具备了全面建设世界城市的基础和条件。特别是产业结构已呈现后工业化社会的服务主导、科技主导的鲜明特征。但是与世界级城市相比，2012年北京GDP为17801亿元，仅占全国GDP的3.4%，即使京津冀三地GDP加总也只占全国GDP的11.03%，而2006年伦敦的GDP占英国的GDP的比重高达16%，反映了北京的经济实力与成熟的世界城市相比还存在较大差距，区域基础还不牢固。目前北京正处在产业升级、阶段跃升的关键时期，通过产业转移和产业升级，重构首都圈产业分工新格局，是提升区域整体竞争力和综合实力的有效途径。因此，推进首都圈一体化发展是北京建设世界城市的必由之路。

三 有利于增强北京对全球经济的影响力和控制力

世界城市的本质特征是拥有全球经济控制能力。与传统的城市发展主要是基于资源驱动战略来提升城市在全球城市等级体系中的地位不同，在经济全球化和信息化的背景下，基于全球城市网络的世界城市，主要不是依靠它所拥有的东西而是通过流经它的东西来获得财富和控制力。北京在经济影响力和金融控制力方面具有诸多优势，但国际化程度较低，影响力主要局限在国内，需要区域通力合作。如果站在首都圈角度来看，天津拥有金融创新先行先试的优势，在私募股权交易中心方面全国领先，完全可以与北京的金融总部所在地、资金雄厚、金融人才聚集等优势形成合力，共建具有国际影响力的金融中心。

第二章　理论探讨

第一节　文献梳理

19世纪中叶以来,伴随着三次科技革命的出现、世界经济中心的转移以及世界人口城市化进程的加快,世界城市迅速发展,西方学者开始关注世界城市研究。国内学者对世界城市的研究始于20世纪90年代初。国外学者的研究开始较早,成果较为丰富,主要集中在世界城市的概念界定、特征和判别标准的总结及世界城市与世界经济体系的联系上,还没有形成完整的世界城市理论体系。国内的研究更多关注于世界城市的形成模式和途径。

一　世界城市理论沿革

(一) 世界城市的概念及功能

世界城市是对国际政治、经济和文化生活具有广泛影响力和控制力的城市，其主要标志和突出特点是具备或部分具备全球经济中心、决策与控制中心、科学文化和信息传播中心、交通运输中心等方面的功能，具体体现在经济发展水平、国际集散程度、基础设施水平、社会和自然环境等方面都有很高的水平。英国城市与区域规划学家盖德斯（Patrick Geddes，1915）在《进化中的城市》一书中最早提出世界城市的概念，并将其定义为"世界最重要的商务活动的绝大部分都须在其中的那些城市"。英国地理学家彼得·霍尔（Peter Hall，1966）在《世界城市》一书中对世界城市进行研究，他通过分析和比较跨国公司的区位偏好和角色，认为世界城市是指那些已对全世界或大多数国家发生全球性经济、政治、文化影响的国际第一流大城市，其具备的特征包括：主要的政治权力中心、国际贸易中心、主要金融中心、人才集聚地、信息集散地、人口中心、娱乐业发达，并对伦敦、纽约、东京等七个城市进行了具体分析，从而真正开启了对现代世界城市的研究。

20世纪80年代以来，西方学者在新国际劳动分工理论的基础上，结合跨国公司的公司决策行为和影响力，探讨了世界城市问题。美国经济学家R.科恩（R. Cohen，1981）在《新的国际劳动分工、跨国公司和城市等级体系》一文中提出"全球城市"（the global city）的概念，认为"全球城市"是新的国际劳动分工的协调和控制中心，并运用"跨国指数"和"跨国银行指数"两个指标分析若干城市在经济全球化中的作用，结果表明只有纽约、伦敦、东京属于"全球城市"。约翰·弗里德曼（John Friedmann，

1986）提出"世界城市假说"的理论，并进一步提出了 18 个核心和 12 个半外围的世界城市的等级结构和布局（1995）。弗里德曼的世界城市等级理论建立在新的国际劳动分工基础上，认为城市与世界经济相融合的形式与程度，以及新的空间劳动分工分配给城市的职能，将决定城市发生的所有空间结构。弗里德曼根据企业总部和大银行的位置划分世界城市，把世界城市的特征概括为：主要金融中心、跨国公司的总部（包括地区性总部）、国际化组织、重要的制造中心、主要交通枢纽等。萨森（Saskia Sassen，1991，1994，1995，2001）根据生产者服务业来鉴别世界城市，认为世界城市是发达的金融和商业服务中心，具有协调过程的节点和特殊生产基地的双重作用，所生产的产品是高度专业化的服务和金融产品。由于城市中大量生产性服务业的集中，这些城市逐渐成为"全球性服务中心"，研究结果表明纽约、伦敦和东京三个城市是典型的代表。

20 世纪 90 年代以来基于科技革命所产生的信息网络的影响，卡斯蒂尔斯（Castells，1996）从"节点城市"（Node City）对"世界城市"做了研究，认为世界城市是在全球城市网络中将高等服务业的生产中心和消费中心与它们的辅助性设施连接起来的点。虽然国外对世界城市概念的界定和研究方法在不同时期存在差异，但基本上对世界城市有了清晰的认识。

国外对世界城市的功能主要从经济控制、全球生产的管理和控制中心、全球信息中心、政治和文化中心方面进行了研究。经济功能是拥有全球经济控制能力，这种控制能力主要来源于聚集其中的跨国企业和跨国银行总部，因此金融中心、管理中心成为世界城市最重要的经济功能。Reed研究了美国金融中心的等级体系和演变过程以及全球金融中心体系，并进行了划分。L. Budd 和 S. Whimster（1992）、Lee 和 Schmidt. Marwede（1993）、Drennan（1996）、Meyer（1998）等也分别对国际金融中心的形成机制和分类等问题进行了研究，大多数学者都将纽约、伦敦、东京划分为全球性金融中心。John Friedmann 与 Wolff 认为世界城市的经济从制造业向生产者服务业和金融业快速转移是全球化的空间表现，认为世界城市的形成过程是"全球控制能力"的生产过程。随着科技革命的发展，世界城市成为全球信息网络的主要节点，发挥着全球的信息中心的作用和功能。Castells（1996）认为世界上先进的通信网络是由全球性城市支配的，巨型城市作为连接点在各种全球网络中不可或缺，具有极为重要的地位和作用。M. Drennan（1991）研究发现美国的信息密集型公司趋向于将总部设置在全球城市。Malecki（2001）研究发现全球范围的网络信息空间在全球范围内的分布集中于世界城市。Hall（1966）认为世界城市是主要的政治权力中心、国际最强势政府和国际商贸等全球组织的所在地，有政治和文化中心的功能。

（二）世界城市的形成机制及等级分类

世界城市形成动力主要源于新的国际劳动地域分工、高端产业与控制中心的集聚以及占领科技创新的制高点。弗里德曼（1986）认为世界城市形成的基本动力来自新的国际劳动地域分工，经济实力越雄厚的区域，其拥有的世界城市的等级就越高。Sassen（1995）认为，随着经济活动的全球化，商务交易的复杂性也越来越大，世界城市成为最先进的通信技术的集聚地，造成企业指挥与控制的聚集。而制造业经济生产活动在全球范围内不断扩散以及生产活动的控制向大城市集中，是推动世界城市形成的两大经济力量。Lanvin（1993）认为信息已成为世界经济新的战略性资源，先进通信设施往往在少数世界城市集中。Batten（1993）从三个角度阐述了影响世界城市持续发展的关键因素：一是把有形的实体网络（即基础设施）的节点、密度和效率连接到世界各地；二是在无形的网络体系中，发挥人口、知识、资金、货物和服务的全球性交换作用；三是创新性和适应性地开发网络的协同作用，并起到超前示范导向作用。

从全球视角看，城市不能被孤立地研究，应作为属于一个横跨世界大部分的城市网络来理解。世界城市等级研究开始于20世纪80年代，约翰·弗里德曼提出世界城市等级理论。弗里德曼（1986）采用7个指标，并按照核心国家和半边缘国家对资本主义世界的主要城市进行分类，1995年增加了人口迁移目的地这个指标。N. J. Thrift选择了公司总部数量和银行总部数量2个指标界定世界城市，将世界城市分为三类：全球中心、洲际中心、区域中心。戈特曼（Gottmann，1989）认为"脑力密集型"产业是世界城市最重要的标志，政府权力中心对世界城市形成重要作用。伦敦规划咨询委员会（The London Planning Advisory Comiittee, 1991）从基础设施、财富创造能力、增加就业和收入、提高生活质量4个方面对世界城市进行比较和分类。Knox（1995）认为以功能分类的方法来界定世界城市可能更有效，他提出3个判别标准：世界500强企业数量、非政府组织和国家组织数量、城市首位度。D. Simon 认为世界城市的判别标准为：一是存在一个完整的金融和服务体系；二是成为一个全球资本流、信息流和通信流的集散地；三是有高质量的生活环境。近年来，对世界城市体系的等级划分，不仅考虑经济因素，也纳入了文化因素，马克·亚伯拉罕森（Mark Abrahamson）从文化角度对全球城市体系等级进行了划分。世界城市划分的指标主要有：以跨国公司总部的数量为标准（Hall, Hymer），构建城市在全球经济体系中的地位的指标（Friedmann, Knox），以生产性服务业集中的程度为指标（Sassen），以国际金融中心地位为标准（Reed）。

此外，国外学者还对世界城市网络做了研究，Taylor 等认为世界城市是彼此连接的网络体系中的"全球服务中心"，并从连接力、支配指挥力和通道3个方面和7个不同侧面（世界城市连接、国际金融连接、支配中心、全球指挥中心、地区指挥中心、高连接通道、新兴市场通道）对世界城市网络作用力进行了测定。

（三）世界城市的发展模式和路径选择

国内学者对世界城市的研究始于20世纪90年代初，当时部分沿海大城市提出了建设国际性城市的目标，因此国内学者首先对国际城市进行研究，主要集中在对发达国家的世界或全球城市理论引进与评述（沈金箴、周一星，2003；谢守红、李健，2003 等）；开展对亚太地区及中国的国际城市研究（蔡来兴、张广生、王战等，1995；沈金箴，2003；黄雪芬，2006；熊九玲，2007；王琪，2007；武前波、宁越敏，2008；等等）；在分析国外相关理论研究的基础上，对建设国际城市提出有针对性的建议（鲍宗豪，2003；周振华、陈向明、黄建富，2004；屠启宇，2009；等等）。蔡来兴等（1995）认为国际性城市的形成与世界经济增长重心转移密切相关。周振华（2007）认为中国经济已经高度融入全球经济，具有崛起全球城市的条件并为发展全球城市提供了路径。首先是继续扩大开放，深度参与全球经济，广泛与国际企业展开竞争与合作，采取流量扩张为导向的发展战略与模式。在产业结构上积极促进向服务经济转型，尤其是大力发展生产性服务业。

国内世界城市的研究主要包括建设世界城市的发展模式和路径选择、测度世界城市的评价指标体系等方面。

在建设世界城市的发展模式和路径选择研究方面，李国平（2000，2003）提出了北京建设世界城市的基本定位以及北京建设世界城市的基本经济模式与空间结构模式；沈金箴（2003）探讨国外世界城市发展对北京的借鉴；姚为群（2003）认为服务贸易是国际大都市形成的推力，产业结构服务化是国际大都市形成的基础；曹红阳（2007）分析了中国创建世界城市的优势、劣势和机遇，以及中国世界城市发展的路径、模式和策略，认为北京将首先成为通道型世界城市，提出以京津交通走廊为依托、北京第二国际空港为节点的京津冀城市整合创建北京的世界城市；徐颖（2011）分析了北京建设世界城市存在的差距，建议采取政府推动模式与城市区域发展相结合的发展模式；王新新（2012）认为北京应采取政府主导、市场为辅的发展模式；柴浩放（2013）分析了北京世界城市建设面临的战略机遇、目标和重点领域；吴殿廷等（2013）分析了中国特色世界城市建设的空间模式。

在世界城市的评价指标体系研究方面，屠启宇（2009）从以"识别"世界城市为导向拓展转变为以"塑造"世界城市为出发点，构建了一个由目标性和路径性指标群组成，涵盖城市规模、控制力、沟通力、效率、创新、活力、公平、宜居和可持续等的后发世界城市的评价指标体系。齐心等（2011）构建了总体实力、网络地位和支撑条件三个评价维度的北京世界城市指标体系。代帆等（2011）构建了包含极化和扩散两类指标的衡量"世界城市"的指标体系。段霞、文魁（2011）构建了基于全景观察的世界城市指标体系；通过世界城市指标体系构建，并进行定量化的测度，为建设世界城市或提升国际水平提供了国际比较依据、测评指标和理论参考。

二 都市圈理论演进

(一) 都市圈概念的提出

美国学者库恩 (Queen, S. A., 1910) 曾提过"大都市地区"、"城市边缘区"和"城市腹地"等概念。美国学者在 1930~1970 年提出和使用了"大城市地区""标准都市区统计区""标准大都市区统计区"等概念。英国学者帕特里克·格迪斯 (Patrick Geddes, 1915) 提出了"组合城市"的概念。弗塞特 (C. B. Fawcett, 1930) 提出"城镇密集区"概念。日本 1954 年提出了"日本标准城市地区"的概念和划分法,后又提出"都市圈"的概念。

(二) 都市圈研究的理论基础

国外都市圈的发展实践为都市圈理论的发展提供了良好的研究背景,同时都市圈理论也指导着国外都市圈经济的发展。第二次世界大战结束之前,西方学者对城市经济的发展进行了研究,产生了一些重要的城市理论,为都市圈研究奠定了重要的基础。具有一定影响力的理论有霍华德的"田园城市"理论、盖德斯的"城市形态演变"理论、克里斯塔勒的"中心地理论"和勒施的"城市经济圈模式"。英国霍华德 (E. Howard, 1898) 提出了"田园城市"理论,认为城市的无限制发展和城市的土地投机是城市灾难的根源，城市应与乡村结合，消除大城市同自然隔离所产生的矛盾，认为城市的发展不是孤立的。他设计的"田园城市"理想模式，对都市圈研究有重要作用。英国学者盖德斯（Patrick Geddes, 1915）在《进化中的城市》一书中提出了"城市形态演变"理论，他认为城市扩散到更大范围内，形成新的城市形态，即从城市地区、集合城市到世界城市，而其中的集合城市被看作是拥有卫星城的大城市，世界城市从形态上与都市圈相似。德国经济地理学家沃尔特·克里斯塔勒（Walter Christaller, 1932）在《德国南部中心地》一书中提出了"中心地理论"。他揭示了城镇的等级、职能以及在空间中的分布关系，演绎出了中心地理论模型，即六边形市场区，形成了中心地与服务区相联系的最有效的全覆盖。他认为中心地为周围地区提供的货物越多，服务的范围越广，中心地的等级就越高；反之，若中心地对周围地区提供的货物越少，服务范围小，中心地的等级就越低，即在不同规模的中心地由于需求门槛和销售范围的不同，形成了有一定规律的市场等级体系。按照这一规律会形成大、中、小不同规模的城市，在城市内部，则会出现市级中心、区级中心和小区级商服中心的规律分布。1977年，斯基纳（G. W. Skinner）在中国四川盆地开展了相关研究，验证了"中心地理论"。"中心地理论"被公认为都市圈研究的重要理论基石之一。德国经济学家奥古斯特·勒施（August Losch, 1940）出版了《经济空间秩序》一书，提出了"城市经济圈模式"，论述了城市在区域经济发展中的重要地位和作用，揭示了城市圈的形成过程，即随着经济的发展，按照市场经济规律的作用，以大城市为中心，先形成单一的城市市场区域，然后逐渐发展为市场网络，再进一步发展为以城市为中心的大城市圈经济。

（三）都市圈的形成机理研究

二战后随着世界社会经济的飞速发展，伴随经济全球化进程的加快，城市地域的空间组织发生了很大的变化，呈现出从单体型城市的简单形态，向以中心城市为核心的诸多城市和地区相互交融形成的都市圈的复杂形态转变，世界上相继崛起了纽约、伦敦、东京、大阪、巴黎等世界级的大都市圈。这些大都市圈不仅成为各国经济最发达的地区，而且也是世界经济最活跃的地区。1951年日本学者木内信藏通过研究城市人口增减的断面变化与地域结构的关系提出了三个地带学说，其思想被发展成为"都市圈"的概念，并且这一概念作为日本及许多西方国家城镇群体重要的空间特征之一。1960年日本又提出了"大都市圈"，并给出了以人口规模为准的界定标准。与此同时，各种新方法和技术手段的应用，尤其是在城市研究中引入了系统论，使都市圈的理论基础有了新的发展，包括佩鲁的"增长极"理论和戈德曼的"大都市带"理论。

法国佩鲁（F. Perroux, 1950）提出了"增长极"理论，也是都市圈研究理论的基石之一，为大城市的核心地位及其如何带动周边城镇发展成为都市圈提供了理论基础。"增长极理论"认为，经济增长总是首先在少数区位条件优越的点上不断发展成为经济增长中心（极化城市），当增长极发展到一定规模后，极化效应与扩散效应相互作用，推动整体经济发展。实际上，该理论就是强调区域经济的不平衡发展，把有限的稀缺资源集中投入到发展潜力大、规模经济和投资效益明显的少数部门或地区，使增长点的实力强化，同周围区域经济形成一个"势差"，通过市场机制的传导力量引导整个区域经济发展。"增长极理论"丰富了都市圈理论，也为世界范围内都市圈经济发展找到了初步的理论依据。

法国城市地理学家简·戈特曼（Jean Gotten）（1957，1961），提出了城市群概念，即著名的"大都市带"理论。通过对美国东北海岸地区的考察后发现，在这一巨大的城市化区域内，支配空间经济形式的已不再是单一的大城市或都市圈，而是聚集了若干个都市圈，并在人口和经济活动等方面有密切联系的巨大整体。他在《世界上的特大都市系统》一文中提出了"戈特曼的大城市带理论"，该理论对都市圈经济理论的发展具有重要意义。

此外，在"增长极"理论和"大都市带"理论基础上，西方学者对都市圈理论做了深入研究，形成了新的理论，如缪尔达尔和赫希曼的"极化－扩散"理论、弗里德曼的"中心－外围"理论以及家萨伦巴和马利士的"点轴开发"理论。

20世纪60年代，缪尔达尔（G. Myrdal）和赫希曼（A. O. Hirsehman）借用了佩鲁的"增长极"理论，提出了"极化－扩散"理论应用于区域不平衡增长问题分析。该理论认为一旦某一区域由于初始的优势比其他地方优先发展起来，那么今后一段时间内，市场的作用力趋向于强化这种区域间的不平衡,而不是削弱区域经济差异。具体来说,当某一区域由于初始优势优先发展起来,市场的力量将不断把周边和一些不发达地区的人力、资金等要素吸引至该区域,那些人力、资金等要素被吸引走的周边地区和不发达地区将会因为生产要素的缺乏而降低经济发展速度甚至出现停滞。当先发展起来的区域经济能级达到一定程度,就会出现扩散效应,资金、人才将会再一次从先发展起来的区域向周边和不发达地区流动,从而促进边缘地区经济的发展。美国学者约翰·弗里德曼（J. R. Friedman,1966）在《区域发展政策——委内瑞拉案例研究》一书中在增长极理论的基础上提出了"中心－外围"理论。他认为在若干区域之间,有个别区域会因多种原因率先发展起来而成为"中心",其他区域则因发展缓慢而成为"外围",中心与外围之间存在着不平等的发展关系,中心与外围的这种关系还会因为推行有利于中心的政策措施,使外围的资金、人口和劳动力向中心流动的趋势得以强化。"中心－外围"理论主要研究处于不同发展水平的区域之间的关系,中心城市与外围城市之间存在发展梯度,中心向外围扩散辐射,同时也在一定程度上压制了外围城市的发展。"点轴开发"理论由波兰经济学家萨伦巴和马利士提出,是"增长极"理论的延伸,从区域经济发展的过程看,经济中心总是首先集中在少数条件较好的区位,呈斑点状分布,这种经济中心称为区域增长极,也是点轴开发模式的点。随着经济发展,经济中心逐渐增加,点和点之间由于生产要素交换需要线路以及动力供应线、水源供应线等,相互连接起来就是轴线，轴线一经形成，对人口、产业具有吸引力，吸引人口、产业向轴线两侧集聚，形成新的增长点，点轴贯通形成了点轴系统。"极化-扩散"理论、"中心-外围"理论以及"点轴开发"理论对都市圈的形成和发展有较强的指导意义。

（四）都市圈空间结构演化研究

20世纪80年代以后，西方国家的产业结构及全球的经济组织结构发生了根本性变化，经济全球化和以信息技术为标志的第三次科技革命极大地促进了都市圈研究的发展。随着对都市圈复杂性的逐步认识，都市圈研究从以往的对都市圈内单一要素（如产业、人口）的分布演变和成因分析研究逐渐转变为对都市圈空间结构转变的研究。保罗·克鲁格曼（Paul Krugman，1996）提出了"多中心城市结构的空间自组织模型"，为都市圈空间结构演化提供了全新的理论研究思路和方法。克鲁格曼从理论上研究了一种空间经济从单一中心城市向分级的城市体系演化的条件和路径，认为"一个城市结构的形成是该城市中厂商之间的向心力和离心力相互作用的自组织结构"。克鲁格曼与藤田（Masahisa Fujita，2000）提出了新空间经济理论，该理论认为：城市体系空间结构的均衡状态与城市地区的人口规模、产业层次、空间距离成本等因素密切相关；随着城市地区人口规模的扩大和产业层次水平的提高，城市体系的空间结构将不断从单一中心结构向两中心结构等演变，城市的发展一般要经历从单一中心（单核）到多中心（多核），再到城市分层的演变过程。

(五) 都市圈发展模式与战略研究

我国学者对都市圈研究是一个逐步深化的过程，从都市圈概念的引入到成为一种可能的国家区域经济战略，经历了探索过程，对都市圈的研究涉及了都市圈的形成、发展演化过程、协调机制、模式选择，以及都市圈内产业结构和分工、空间结构、城镇体系、创新和交通等问题。陆大道（1984）提出了"点-轴渐进式扩散"的理论，该理论指出在全国或地区范围内，确定若干等级的具有有利发展条件的线状基础设施轴线，对轴线地带的若干个点-中心城市给予重点发展，随着经济发展水平的提高，经济开发的重点由高等级点轴向低等级点轴延伸。最早提出城市经济圈概念的是周起业、刘再兴（1989）等人，他们在《区域经济学》一书中提道："按经济中心来组织管理地区经济，即以大城市为依托，有计划地发展中小城镇，在各大城市周围形成若干以中小城市为主的中小型经济中心。通过它们使大城市同相邻的中小城镇和农村相联系，大中小城市及其分别联系着的农村相交织，组成全国的经济网络。"高汝熹等（1990）提出城市经济圈是以经济比较发达的城市为中心，通过经济辐射和经济吸引，带动周围城市和农村，以形成统一的生产和流通经济网络。王建（1997）分析了日本和美国区域经济模式，认为我国应采用都市圈经济模式。

在都市圈发展模式研究方面，刘加顺（2005）实证分析了武汉都市圈的协调发展问题，认为城市化是都市圈形成的基础，市场化是都市圈形成的动力，制度变迁是都市圈形成的关键，对外开放是都市圈形成的环境和条件。杨勇等（2007）将都市圈的形成演化分为结核期、整体集聚期、次中心形成期和成熟期4个阶段，并从首位城市特点、竞争特征和动力来源三方面对4个阶段进行了比较。杨勇（2008）对都市圈经济发展演化进行了实证分析，认为都市圈经济模式包含三大基本要素：强大的中心城市、完善的城市体系和紧密的城际经济联系；市场机制是都市圈发展演化的根本动力，城市等级体系是都市圈发展演化的依托，都市圈经济是以中心城市为主导的；都市圈的发展演化机制是由动力机制、传导机制和实现机制三个主导机制以及促进机制和保障机制两个辅助机制组成的。黄建富（2008）通过对我国都市圈的发展模式、成就和差距进行分析，揭示了我国都市圈发展模式和路径方面存在的问题，提出了中国都市圈的发展模式和路径选择。陈曦（2010）分析了制约我国都市圈一体化发展的因素，提出了推进都市圈一体化的对策。王祖强（2011）从都市圈的形成与发展的角度，分析了浙江经济空间结构的转型升级。张亚明等（2012）从城市规模、发展过程、发展动力、经济增长方式和产业结构五个方面对国内外都市圈的发展模式进行比较研究，认为我国都市圈应培育核心城市，作为都市圈新的"增长极"，走"大城市为主导，中小城市为辅"的发展道路，建立圈域共同市场，合理调整产业布局，提高都市圈核心城市的聚集效应和辐射效应。此外，何艳冰（2007）、李洪涛（2008）、罗成书（2010）分别研究了兰州、成都、杭州都市圈的形成机制，张晓兰（2010）分析了东京、纽约都市圈的演化机制和发展模式，提出了"长三角"都市圈发展的战略选择。

（六）都市圈产业结构演化研究

李文强（2010，2011）研究了都市圈产业结构的演化机制和演化特征，认为产业结构演化的根本动力是技术进步；人力资源、环境因素、经济发展水平影响都市圈产业结构演化；都市圈产业结构演化和城市空间结构演化是一个互相促进、具有明显耦合性和协同性的过程；都市圈空间结构演化包括规模结构、地域结构和职能结构三方面；产业分工能促进都市圈经济增长。王得新（2013）认为专业化分工的水平决定了都市圈内部产业一体化发展和区域竞争能力，分析了京津冀都市圈专业化分工水平，并从专业化分工的角度探讨了都市圈形成和演进规律。李晓琳（2006）、张春霞（2007）、吕华斌（2008）、黄鹏（2012）、李慧（2012）分别研究了长三角、上海、京津冀、杭州、济南都市圈的产业结构的优化布局。李文强（2009）、刘微（2010）、程晓（2011）研究了上海、环渤海、京津冀都市圈的产业分工与合作。都市圈空间结构研究方面，陈睿（2007）对都市圈的空间结构决定其经济绩效的机制和规律进行了研究，分别从无形的制度结构和有形的空间结构两个层次建立了都市圈空间结构与经济绩效之间的复杂映射关系，讨论了绩效优化目的下我国都市圈空间结构的调控模式与对策。尚正永等（2009）从城镇空间随机集聚的向心性、空间分布的均衡性和城镇要素空间相关性三个方面，分析了徐州都市圈空间结构的分形特征。谢守红（2011）分析了由苏州、无锡和常州三个都市区构成苏锡常都市圈空间结构，及其发展的动力机制。贾德铮等（2012）分析了长三角都市圈空间集聚扩散功能的演化，分析了区域之间的互动关系，认为长三角都市圈呈现明显的经济扩散效应，这种扩散效应是长三角都市圈内城市之间存在空间竞争效应和空间补充效应，以及空间总体经济增长效应的结果。邢宗海（2013）以空间功能要素集聚与扩散特征为依据，将都市圈的演化过程分为中心城市绝对集中、中心城市相对集中、圈域集聚、圈域耦合四种空间状态，认为都市圈的发展由"大分散、小集中"的空间状态向"大集中、小分散"的状态逐渐演化。封志明等（2013）定量分析了京津冀都市圈人口集疏过程及其空间格局变化。孙铁山等（2009）研究了京津冀都市圈人口集聚与扩散的特征、趋势及模式，研究表明区域中心城市人口集聚与扩散主要受城市规模、经济发展与结构调整以及对外交通条件等因素的影响。施继元（2009）提出了都市圈效应的框架体系，认为都市圈产生"五大效应"，即集聚效应、扩散效应、创新效应、品牌效应和一体化效应，通过对都市圈五大效应的理论和实证分析，说明了都市圈的存在和发展对圈域经济发展的显著作用，证明了都市圈是一种有效的区域经济空间结构形式。彭勇（2007）、贾永健（2008）、佟玲（2008）、李军芳（2008）、温静（2010）、苏海宽（2011）分别研究了武汉、徐州、乌鲁木齐、兰州、宁波、济南都市圈的空间结构及优化问题。曹纪伟（2008）研究了都市圈内部小城市空间结构规划。

（七）都市圈城镇体系研究

张蕾（2008）分析了中国城市化道路及城市发展中东、中、西三大地带的差异及其原因，对东部长三角、珠三角和京津冀三大都市圈城市体系及经济发展进行了对比，认为市场机制是三大都市圈城市发展的原动力，政府力量的推动是三大都市圈城市发展的外生动力，依靠改革开放政策，发挥区位优势，基于资源要素的发展是三大都市圈城市发展的助动力，并从城市人口、规模变动分析了东部三大都市圈城市体系的空间演化进程，探讨了东部三大都市圈形成的内在机理，对东部三大都市圈城市集聚经济进行分析。肖磊等（2011）采用定量方法，系统研究了京津冀都市圈城镇体系的规模结构、空间结构的演化。国内学者在都市圈及其内部城市功能方面做了研究，孙久文等（2008）认为京津冀都市圈的区域合作已经进入高级阶段，产业合作、基础设施合作和区域贸易都有新的进展。北京应当在京津冀都市圈区域合作中发挥要素集散、发展服务、辐射带动和区域创新四项功能，并创建区域创新、高素质人才培养和输送、产业升级和转移、物流产业发展四大基地来巩固北京的核心城市地位。李冰（2008）构建了京津冀都市圈县域经济综合评价指标体系，测度了京津冀都市圈县域经济发展水平和差异性，对京津冀县域经济功能进行了全面定位。张强等（2010）探讨了中心城市主导下的都市圈系统的发展演化,研究了中心城市通过各项城市功能促进都市圈的发展演化,以及中心城市功能组织的优化。朱元秀(2005)、杨海霞(2007)、欧阳丹(2009)、高亚男(2009)、张倩宇(2010)、刘卓超(2012)分别研究了长三角、成渝、乌鲁木齐、济南、兰州、京津冀都市圈城镇体系的结构、发展演化及优化布局。刘向阳(2008)分析了哈尔滨都市圈城市化动力机制及其模式。

(八)都市圈协调发展与协同创新研究

张可云(2004)研究了都市圈政府间的协作,分析了京津冀都市圈合作的必要性,探讨了政府促进京津冀都市圈合作的思路、规划与政策重点。母爱英等(2007)从博弈论的视角出发,分析了京津冀都市圈政府间的行为博弈,得出了各级政府在博弈的不同阶段的最适策略选择。陶希东(2010)以长三角、环渤海、珠三角三大跨省都市圈为例,分析了跨界区域协调的主要内容和机制,提出了跨界区域协调机制的重建与政策创新。此外,国内学者还研究了都市圈的协调发展。董雯等(2006)研究了乌鲁木齐都市圈整合及其一体化发展;马国霞等(2012)构建了京津冀都市圈的区域经济增长的时空诊断模型,分析了京津冀都市圈经济增长的内在机制;白敖(2007)、王佩佩(2009)分别研究了长三角、徐州都市圈政府间关系及合作问题;王薇(2007)、孙君俐(2010)、崔龙(2013)研究了我国都市圈政府间关系的整合及优化;董自光(2009)、孙义俊（2010）分别研究了长三角、济南都市圈治理机制，以推进都市圈一体化发展；王丽明（2006）、安民（2007）、杨国成（2008）、李娟娟（2007）分别研究了京津冀、乌鲁木齐、广佛都市圈及京津核心城市与都市圈一体化协调发展问题。

在都市圈创新研究方面，解学梅等（2013）从协同理论视角梳理和分析了都市圈协同创新的发展轨迹，并从协同创新的阻制、协同要素构成、协同创新模式、协同程度测度、协同创新效应等方面探讨了其研究动态。金凤花等（2013）构建了都市圈创新能力指标体系，实证测度了上海都市圈创新能力的极化发展趋势。瞿頔（2008）构建了长三角都市圈创新体系评价指标，评价了长三角都市圈创新体系的演化规律；李科（2009）研究了长三角都市圈创新体系的运行机制；岁玥（2007）提出了都市圈创新体系模型，构建了都市圈创新体系的评价指标体系，评价长三角、珠三角、京津冀、武汉和成渝都市圈创新体系。

此外，由于交通对都市圈的发展具有重要意义，国内学者对都市圈的交通体系做了研究。聂伟（2007）从北京都市圈的现实条件和功能"扩散""再集中"的理念出发，提出了北京都市圈的"环型多功能集约型"整体发展思路，并评价北京都市圈道路网络综合发展水平。

朱佳翔等（2009）构建了都市圈交通体系整体演化模型，分析了上海的交通体系整体演化。朱佳翔（2010）根据自组织系统演化理论，构建了都市圈交通体系整体演化模型和结构演化模型，对都市圈城际走廊层面交通优化和都市圈城市内部层面交通结构优化进行了研究，认为城际交通对都市圈产业集聚有明显带动作用。李冰（2010）研究了京津冀都市圈区域经济与交通协调发展。

三 世界城市与都市圈关系的理论基础

城市不是孤立存在的，它崛起于某一特定区域，并与该区域共生互动发展。世界城市与所在都市圈的发展，伴随着城市规模等级的提升、空间结构和功能分工的优化，是分工、集聚、共生与竞争相互作用的演进过程，它们之间的关系在不同发展时期体现了相应的空间结构和城市功能。本书从梳理世界城市与都市圈相互关系的理论基础入手，力图揭示专业化分工—中心城市形成集聚经济—中心城市与周边共生一体—空间相互作用的内在联系，为探讨世界城市与所在都市圈共生互动关系提供理论依据。

（一）专业化分工理论

分工的思想萌芽于公元前380年柏拉图的《国家篇》，认为国家是社会分工的产物，是实现城邦正义和智慧的基础。在亚当·斯密对分工的研究是最具开创性的，在《国富论》中占据着重要的地位。在亚当·斯密的《国富论》中，分工和专业化的问题首次得到了系统的经济学分析，将分工置于经济学大厦的基石地位，并被视为"经济增长源泉"，认为交换引起分工，而交换则取决于市场的大小，并得出了"分工取决于市场"或者"分工受市场限制"的"斯密定理"。

区域分工源于斯密分工理论基础上的国际贸易理论，用于分析和解决区域经济合作问题。从亚当·斯密的古典贸易理论到以克鲁格曼为代表的新贸易理论的发展，为区域分工理论提供了理论基础。李嘉图继承和发展了斯密的理论，指出两国产品的交换，取决于这两种产品的比较（或相对）成本，而不是由生产这两种产品耗费的绝对成本所决定的。两国劳动生产率的差异并不是在任何产品上都是同等的。李嘉图的比较优势直接衍生出了赫克歇尔和俄林的要素禀赋说，认为地区分工产生的原因是区域生产要素禀赋上的差异，而不是生产效率的差异。H－O模型将李嘉图的比较优势理论发挥到了极致，主要内涵是区域会根据比较优势而展开分工，形成专业化的区域生产格局。琼斯（R. W. Jones）于1956~1957年在《经济研究评论》上发表了"要素比例和赫克歇尔－俄林学说"，提出"区域比较利益论"，把赫－俄模式直接用于工业区位比较，用区域比较利益来说明工业区位的趋势，认为国内各区域生产要素的丰裕程度，以及由此产生的资本－劳动比率的差异是工业区域形成的决定性因素。

20世纪80年代后期，以克鲁格曼（Paul R. Krugman）为代表提出的"新贸易理论"大量运用产业组织理论和市场结构理论来解释国际贸易，成功地解决了"比较利益陷阱"。新贸易理论认为，在一个规模报酬不总是不变、市场并不总是完全竞争的世界中，贸易的原因不仅仅是比较优势,而且还有规模递增效应。新贸易理论把竞争优势深入到了产业内部,认为产业积聚能够产生外部规模效应,企业聚集在同一区域,有利于劳动力市场共享和知识外溢,企业规模经济、积聚区行业规模、市场规模导致了规模经济分工的产生。

区域分工理论为世界城市与都市圈发展提供了理论依据,都市圈内各城市专业化发展比较优势产业,将带动其他生产部门的综合发展,进而形成错落有致、优势互补的都市圈区域产业功能结构,落后区域可以通过要素禀赋差异而产生的分工获得最初的原始资本积累,缩小与发达区域的经济发展差距,提高本区域的福利水平,为承接发达区域的经济辐射和产业转移奠定基础。

(二)集聚经济理论

集聚经济的思想最早源于马歇尔(Marshall, A., 1890),在《经济学原理》中论述了集聚经济,并提出了外部规模经济和内部规模经济理论,认为集聚经济包括外部规模经济和外部范围经济。阿尔弗雷德·韦伯(Alfred Weber, 1909)在《工业区位论》中明确提出了集聚概念,认为集聚因子是某些生产在某场所特定集团集中而产生的利益,是生产和贩卖低廉化,并将集聚因子的作用分为规模集聚和地域集聚两个阶段。韦伯认为在高级集聚阶段生产的专业化、劳动力的专业化、专业市场的扩展、共享基础设施等因素促使企业为追求聚集带来的成本节约的好处而自发地形成集聚。胡佛

(E. M. Hover, 1948) 在《经济活动的区位》中,介绍了地方化经济与城镇化经济的区别,对于城镇化经济,他认为群体以外的其他类产品供给或活动可能增进聚集优势,如公共投入的可供性在群体经济中则很可能成为一种密切联系活动的混合体,而不是一种活动的单位群,即供给的多样性形成了城镇化经济的比较优势。艾萨德(Isard, W., 1956, 1975)深入研究了集聚现象,指出规模经济、地方化经济、城市化经济等原因,会形成一些产业的潜在集聚地区。以亨德森(Henderson, J., 1974)为代表的城市经济学家用新古典经济学的方法探讨了城市中的产业集聚过程,研究了产业内部的集聚经济和城市的集聚经济。城市经济学在对集聚经济问题的研究中,认为集聚经济利益并不限于企业或厂商的范畴,消费者和居民的空间集中同样会产生经济效益,并认为集聚经济来源于报酬递增。20世纪90年代以来兴起的新经济地理学对集聚经济做了进一步的研究,克鲁格曼(Krugman, P., 1991)将地理因素纳入经济学的分析中,通过模型说明了一个国家或地区为实现规模经济而使运输成本最小化,从而使制造业企业区位选择于市场需求大的地点,反过来大的市场需求又取决于制造业的分布,形成了中心－边缘模式。

集聚经济作为厂商、居民以及其他经济活动主体在特定地域空间集中所产生的经济效果以及吸引经济活动向某一地区靠近的向心力,将导致城市产生和不断扩大,决定了城市的形成和发展。从宏观角度看,空间集聚能为城市发展带来经济利益。企业、居民在城市区位的接近而导致的经济利益和成本节约，使得整个城市经济也具有集聚效应。正是集聚经济的作用，都市圈内世界城市的发展中，必然吸引企业、居民、资本、技术等的较大集聚，这种较大的集聚又将吸引更大的集聚，从而影响着世界城市所在都市圈的发展。

（三）共生理论

"共生"是生物学的概念，德国生物学家德贝里（Antonde Bary，1879）在描述地衣中某些藻类和真菌之间的相互关系时提出"共生"一词，他提出并定义不同类型的生物生活在一起，可以进行物质交换、能量传递。随着共生理论研究的逐渐深入及社会科学的发展，"共生"的思想和概念逐步引起了人类学家、生态学家、社会学家、经济学家、管理学家，甚至是政治学家的关注，源于生物界的共生概念和方法理论在诸多领域内得到运用和实施。日本城市规划建筑大师黑川纪章将共生理论应用于城市建设方面，提出了"共生城市"的规划概念，在《新共生思想》中探讨了发达国家与发展中国家、经济和文化以及农业、工业和信息技术等的共生问题；以后工业时期生产和信息的共生为出发点，认为全球已进入了一个共生的时代。袁纯清（1998）直接将生物学的共生概念及相关理论向社会科学拓展，提出共生不仅是一种生物现象，也是一种社会现象；共生不仅是一种自然状态，也是一种可塑形态；共生不仅是一种生物识别机制，也是一种社会科学方法。共生理论指导了区域间从互利、共赢的角度对待区域的合作与互动发展问题,促进区域间要素的自由流动、要素的合理组合与优化配置,强调区域间的合理区域差异基础上的互利互惠,即合作共赢。

共生理论主要内容包括四个方面:共生单元、共生模式、共生环境和共生界面。共生单元、共生模式和共生环境是生物学共生理论中共生系统的三要素,共生界面则是共生三要素相互作用的媒介、载体。共生系统是指在一定的共生环境内由共生单元按某种共生模式构成的共生关系的集合(见图2-1)。

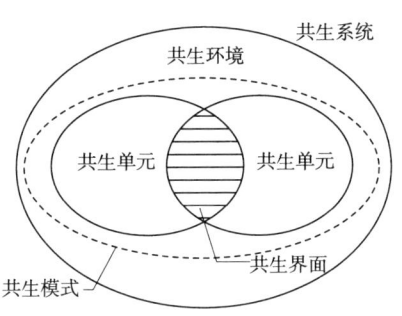

图2-1 共生系统

共生单元是指构成共生关系的基本能量生产和交换单位,是形成生物共生的基本物质条件,其特征在于种群的复杂属性。反映共生单元之间的联系程度的则是共生度和共生密度。共生度指的是两两共生单元或共生系统之间由于各自内在属性而相互影响的程度不同,共生单元体现出不同的关联度。共生密度主要反映共生关系中共生单元数量的多少,共生密度存在一个均衡状态。在不同的共生体中,共生单元的性质和特征是不同的,在不同层次的共生分析中，共生单元的性质和特征也是不同的。共生模式是指共生单元相互作用的方式或相互结合的形式，它既反映共生单元之间作用的方式，也反映作用的强度；它既反映共生单元之间的物质信息交流关系，也反映共生单元之间的能量互换关系。共生单元以外的所有因素的总和构成共生环境。共生的三个要素相互影响、相互作用，共同反映着共生系统的动态变化和规律。在共生关系的三个要素中，共生模式是关键，共生单元是基础，共生环境是重要的外部条件。共生模式之所以是关键，主要在于它不仅反映和确定共生单元之间复杂的生产和交换关系，而且反映和确定共生单元对环境可能产生的影响和贡献，同时它还反映共生关系对共生单元和共生环境的作用。共生三要素相互作用的媒介称为共生界面，它是共生单元之间物质、信息和能量传导的媒介、通道或载体，是共生关系形成和发展的基础。

共生理论为世界城市和都市圈发展提供了理论支撑。世界城市崛起于都市圈中，都市圈为世界城市的发展提供了所需的环境，都市圈内的城市以及城市与都市圈之间构成不同的共生单元，都市圈内各共生单元依托交通信息等基础设施，承载着共生单元之间的人流、物质流和信息流，在区域分工和集聚经济的基础上通过不同发展时期共生模式的发展，形成了合理的城市等级体系和规模结构，推动了世界城市发展所需的共生界面的产生。世界城市和都市圈在一定共生系统中特定的共生环境下，依托不同发展时期的共生模式和共生界面，共生发展。

（四）空间相互作用理论

空间相互作用是美国地理学家乌尔曼（E. L. Ullman）于20世纪50年代在《交通作用和相互作用的基础》一文中引入地理学的，认为空间相互作用是指地理区域之间的相互依赖，这种相互依赖是某一地理区域内对另一地相互依赖的补充。他在探讨空间相互作用的基础上，系统地阐述了决定空间相互作用的三个基本要素——互补性、转移性和中介机会。只有当存在互补性、可转移性和干扰机会方面的必要条件时，才会产生空间相互作用。区域空间相互作用包括商品流通、人员流动、资金流通、技术扩散、信息传递等内容。空间相互作用是指经济发展过程中不同区域之间，尤其是发达区域和不发达区域之间经济吸引和经济辐射的内在机制及作用方式，从而为都市圈分工体系的形成和演化机制研究提供了理论基础。在空间相互作用理论中，比较有代表性的理论有中心地理学说、增长极理论、中心-外围理论、"三个地带学说"。此外，空间扩散理论也对世界城市建设与都市圈发展关系有很大的影响。20世纪50年代，瑞典著名学者哈格斯特朗（T. Hagerstrand）从空间角度对创新的扩散进行了研究，从而创立了空间扩散理论；同时，另外一位瑞典经济学家缪尔达尔通过对区域经济不平衡发展的分析也提出了"极化-扩散"理论；后来，美国城市学家洛德莱里进一步发展了极化-扩散理论。空间扩散理论揭示了中心区向边缘区的扩散总是以不同等级城市体系的"蛙跳"规律进行，以及创造以中心城市为核心、分散而又相互连接的完整城市体系，是实现经济积聚和扩散的最佳模式。空间扩散理论为都市圈产业的空间布局分析提供了广泛、有用的基础，其从经济、技术、社会、人口、服务、政治、行政等多种关系中来分析城市空间扩散的有利之处，为正确理解都市圈经济扩散和产业扩散提供了科学的理论依据。世界城市是城市发展中形成的中心城市与所在区域空间相互作用的产物，世界城市与所在都市圈在集聚与扩散力量的作用下，促使人口、产业、资本、技术等在都市圈内城市间迁移，使得世界城市的区域分工和城市功能进一步优化，突出了其所在都市圈中的核心地位和引领、带动作用，都市圈为世界城市内要素的集聚与扩散提供了空间腹地支撑。

第二节　国际借鉴

世界城市是世界城市体系中城市发展的最高端形态，是国际活动的重要聚集地，是对全球的政治、经济、文化等方面具有重要控制力和影响力的城市。世界城市最早出现在发达国家，随着工业化进程的推进和城市体系的演化，目前被国际公认的世界城市主要有伦敦、纽约和东京。分析伦敦、纽约和东京这些主要世界城市的形成条件和发展历程，探讨其与所在都市圈的互动关系，可以为北京世界城市建设提供借鉴。

一 全球性世界城市的形成条件与发展阶段

19世纪末到20世纪末,全球先后形成了以伦敦、纽约、东京为代表的首批世界城市,它们均以大规模的工业生产、港口发展、繁荣的国际商贸联系为开端,逐步成为全球金融、知识创新与管理服务中心,通过经济发展、文化渗透和政治决策等途径影响世界发展。

(一) 世界城市的形成条件

从世界城市的演变历程可以发现,世界城市的形成是政治、经济、文化等共同推进、互相作用的结果。首先,区位条件是城市形成和发展的必要条件;其次,由技术进步推动产业升级,由传统产业向现代产业转变,由劳动密集型产业向资金技术密集型乃至知识密集型产业演进,世界城市以此作为基础逐渐形成文化输出,继而影响世界发展。由此,在世界城市的形成和发展过程中,集聚和扩散机制是其动力机制,工业化进程是关键和主导力量,科技进步是直接因素。

1. 自然区位条件

优良的自然区位条件是世界城市形成发展的第一要素,它影响着人口和经济活动的分布,影响着城市的形成和发展。从地缘政治和地缘经济学的角度出发,世界某一地域成为世界级经济增长极具有一定的必然性。从世界城市形成的初期条件看，伦敦、纽约和东京都具有优良的自然条件，它们都是内陆大城市的出海口，是海轮通航的终点，是本国最大的海港以及内陆交通中心和交通枢纽；它们从航运中心起步，充分利用自身的优势，扩建城市基础设施，建设为交易服务的配套市场服务体系，扩大商品交易量，逐步发展成为地区性商品贸易中心，进而发展为世界金融、知识创新和管理服务中心。

2. 科技进步

世界城市的形成发展过程中，都有相应的产业作为支撑。三次科技革命的发展，推动了国家的工业化进程和城市产业结构调整，直接推动了世界城市的形成发展。在第一次科技革命推动下，伦敦以蒸汽机为动力，生产出优质的工业产品，占领世界市场，成为最早的世界城市，伴随着工业化进程在20世纪中期进入服务业主导型经济阶段；第二次科技革命，纽约以电动机为动力，将电灯、电话、电报等电气产品及技术销售推介到世界各地，成为世界城市，而美国引领了以信息技术为标志的第三次科技革命，纽约成为全球的资源配置中心；东京从江户时代经过明治维新运动由农业占主导地位开始了其工业化进程，并在二战之前形成以纺织为中心的产业，二战后通过引进发达国家的先进技术和资金，创新设计，使日本汽车、家用电器占领国际市场，东京成为世界城市，也逐步成为全球的金融和商务中心。就产业升级而言，自20世纪50年代中期以来，大伦敦经历了"重化工业—现代服务业—文化创意"的演变历程；东京都经历了"轻工业和农业—重化工业—技术知识密集型工业、现代服务业并存"的演变历程；纽约实现了从物质生产中心向为生产和流通服务的金融中心、服务中心、信息中心、管理中心、科学中心、文化中心、教育中心的演变。可以看出，科技进步推动产业升级，使得伦敦、纽约、东京的产业由传统产业向现代产业转变，由劳动密集型产业向资金技术密集型乃至知识密集型产业演进，推动了城市功能的演进和世界城市的发展。

3. 经济全球化

20世纪80年代以来的全球化浪潮，无论是广度上、强度上，还是内容和形式上都发生了显著的变化。特别是全球经济活动的组织形式及其空间结构逐渐进入一个深化转型的时期，形成了新的国际劳动地域分工，其国际分工模式出现了重要变化，即从不同产业的全球分工，到产业内全球分工，又发展到企业内的全球分工。发达国家跨国公司的发展及跨国经济活动带动物流、信息流、人流以及资本流跨越国界加速运动，形成了全球规模的经济圈。全球规模经济圈的中心城市在强化对各种流的中枢管理机能进行控制的过程中，突出了其作为全球级世界城市的地位。全球规模的经济圈包含各国或各地区的大大小小的经济圈，这些大大小小的经济圈中规模不同的城市也在与其经济圈规模相适应，组成世界城市系统。

4. 多元文化融合与人才聚集

世界城市是人才的聚集高地，也是人才生产基地。世界城市以其高效的生产活动、繁荣的商业贸易创造出多于其他城市的就业机会，造就出高素质的人才队伍。同时，人口的聚集、人才的流入也推动了世界城市的快速发展。伦敦是全球性的知识和技术创新中心，世界最负盛名的牛津大学、剑桥大学就在伦敦大都市圈范围内，它们曾经是工业社会各种思潮的发源地，也是信息社会各种新知识和新技术的策源地。纽约有1/3的人口在海外出生，民族的多样性与文化的包容性推动了纽约城市人口结构的优化。尊重科学技术、倡导和弘扬创新精神使纽约吸引了世界各国各行业的精英，造就了一大批发明家和技术成果，纽约发展为世界城市使美国从一个依附于英国的殖民地成长为世界第一强国，使其从一个依靠欧洲科学技术的国家成长为世界上最大的技术输出国，在这方面，多元文化共融和人才聚集起到了不可忽视的作用。

（二）世界城市形成的空间结构演化

城市的形成和发展就是其功能和空间不断生长的过程。一般来说，最终能够演化成为国际大都市带的城市都经历了下列四个过程：

图2-2 大都市、大都市区、大都市圈、大都市带空间

世界上大都市的发展虽然功能各有不同，但通常随着城市规模由中心向外围扩张，形成了规律性的空间结构演化过程。这种空间结构的自内向外和自小向大可以分为四个圈层，代表了大都市发展过程的四个阶段：中心城市—大都市区—大都市圈—大都市带。

（1）中心城市：中心城市的面积一般在100~600平方千米，半径5~10千米，人口密度为1万~2万人/平方千米。

（2）大都市区：由中心城市和郊区城市地区组成，面积一般在1500~2000平方千米，半径30~50千米，人口密度为5000~10000人/平方千米。

（3）大都市圈：由一个以上的大都市区组成，面积一般在10000~20000平方千米，半径在100千米左右，人口密度为1000~2500人/平方千米，其中周边大都市区的人口可以大于中心大都市区。

（4）大都市带：由一个以上的大都市圈组成，面积一般在30000平方千米以上，半径200~300千米，人口密度为300~1000人/平方千米。

发达国家著名的大都市，例如欧洲的伦敦、美国的纽约、日本的东京等，一般都经历了完整的发展阶段，形成了较为齐全的四个圈层。

（1）伦敦大都市的四个带分别为内伦敦中心城市、大伦敦（包括市区及附近的29个城镇）、伦敦大都市圈、伦敦-伯明翰大都市带。

（2）纽约大都市的四个带分别为纽约中心城市（包括曼哈顿等5个区）、纽约大都市、纽约大都市圈（包括周边33个县）、纽约-波士顿-华盛顿大都市带。

（3）东京大都市的四个带分别为东京中心城市（包括市区的23个区）、东京都大城市区（包括市区的23个区和郊区的27个县）、东京圈（包括东京都和神奈川、琦玉、千叶3个县）、首都圈大都市带。

（三）世界城市的发展阶段

从全球范围内工业化推进的次序来看，每座世界城市都以一定区域为支撑，代表其所在区域发展的最高水平。以时间为序，工业化始于欧洲，继而向美洲和亚洲推进，并分别造就了伦敦、纽约和东京三座世界城市。与此同时，人类历史上经历的三次科技革命都诞生了不同时代、不同地区的世界城市。第一次科技革命（蒸汽机革命）使伦敦成为第一座世界城市，第二次科技革命（内燃机和电力技术革命）使纽约成为第二座世界城市，第三次科技革命（信息技术革命）使东京成为第三座世界城市。

1. 第一阶段：18世纪末期至19世纪中后期

18世纪末期至19世纪中后期，伦敦发展成为世界城市。以蒸汽机为代表的革命起源于英国，英国成为这一时期世界经济中心和技术创新中心，具体表现在：①世界工业生产中心，1820年英国工业生产量占世界工业生产量的份额达50%；1860年英国铁产量占世界铁产量的份额达53%，煤产量占50%；1880年英国在世界制造业中的比重为22.9%，仍居首位。②世界贸易中心，1860年英国制成品贸易额占世界制成品贸易额的份额达40%。

随着英国的世界经济中心地位的逐步确立，首都伦敦在工业制造、航海贸易和银行金融等领域也取得了飞速发展。1800年，伦敦人口数达86万，1850年达到232万，1875年达到424万，相当于巴黎和纽约两大城市人口的总和。当时，伦敦不仅是国际贸易中心，还是国际金融中心。1821年，英国正式启用金本位制，英镑成为英国的标准货币单位。金本位的确立，加上英国经济贸易的迅猛发展，世界货币进入"英镑"世纪。另外，英国银行金融业逐步兴起，银行总部多设在伦敦。由此，伦敦在世界城市体系中处于高端地位，成为人类历史上第一个世界城市。

2. 第二阶段：19世纪末期至20世纪中期

19世纪末期至20世纪中期，纽约发展成为世界城市。19世纪中叶的第二次科技革命，以电力的广泛应用为标志，促使主要发达国家的产业结构由轻纺工业为主转向重工业为主。重工业的发展为伦敦和纽约的快速发展奠定了坚实的技术基础。1873~1874年，大萧条使得英国的经济地位逐年下滑。从19世纪末起，世界经济增长的重心向美国转移，美国成为全世界最大的工业国。1890年，美国铁路里程达16.7万英里（约27万千米），钢与铁的产量均超过英国。同年，美国工业生产量占世界工业生产量的31%，英国工业生产量仅占世界工业生产量的22%。1947年，美国工业生产量占西方工业生产量的62%，提供出口商品占西方的32.5%，拥有世界近2/3的黄金储备，在国际金融领域建立了以美元为中心的国际货币体系。

随着美国经济地位的上升，纽约取代伦敦成为世界上最大的城市。美国工业生产的1/3集中在以纽约为中心的大西洋中部各州，即纽约州、宾夕法尼亚州和新泽西州。1910年，伦敦人口为725.6万人，纽约人口为705万人。第一次世界大战时期，纽约人口超过了伦敦。1950年，纽约－新泽西大都市区的人口数达1230万，大伦敦都市区人口数为1040万。1946年，联合国总部设于纽约，纽约成为国际政治中心城市。布雷顿森林体系使美元成为与黄金等同的世界硬通货是纽约成为全球金融中心之一的重要因素。从此，纽约外汇市场的运作影响着全球外汇市场，纽约成为继伦敦之后的第二座世界城市。

3. 第三阶段：20世纪中后期至20世纪末期

20世纪中后期至20世纪末期，东京发展成为世界城市。20世纪50年代以来，出现了以电子工业为代表的新技术革命。20世纪60年代起，日本制定了完善的产业发展规划，着力发展以电子工业为主导的制造业。同时，汽车工业、钢铁工业和化学工业的快速发展使日本经济增长率居资本主义国家之首。20世纪60年代，日本的经济年增长率达11.3%，20世纪70年代达到5.3%。20世纪80年代末期，日本的人均GNP开始超过美国。

随着日本的经济起飞，东京也取得快速发展。1980年，京滨都市区的人口数达 1770 万，位居世界第一，超过了纽约－新泽西都市区的 1560 万人。20 世纪 70 年代以后，东京成为日本八大财团下属跨国公司和跨国金融机构的总部所在地，成为全国的生产要素配置中心和经营决策中心，完成了由制造业中心向经济中心的过渡。20 世纪 80 年代后期，东京成为世界三大金融中心之一。1984 年，日元成为继美元和德国马克之后的世界第三种国际储备货币。1986 年，东京建立离岸金融市场，推动了东京国际金融中心的形成。20 世纪 80 年代末期，全球最大的 500 家跨国公司中的 34 家的总部设在东京，并拥有 2000 多家外国企业的地区本部和办事处。1988 年，东京股票市场的交易额达到 288 兆日元，超过纽约，居世界第一位。东京外汇市场的交易量在 1990 年达到 6 万亿美元，占全球外汇交易总额的 25%，仅次于伦敦，居世界第二位。至此，东京完成了由全国性经济中心向世界城市的转型，成为继伦敦和纽约之后的第三个世界城市。

20 世纪 90 年代以来，全球形成了以伦敦、纽约和东京为三大核心的城市体系，它们像三个引擎一样推动和引领世界经济的发展，处于世界城市体系的顶端，是全球三大世界城市。

二　世界城市与都市圈共生互动的发展模式

从区域层面看，伦敦、纽约、东京等世界城市的崛起均以某一具有全球影响力的区域为基础，依托的是以中心城市为核心的巨型城市区的整体竞争力。纽约所依托的美国东北部区域、伦敦所依托的英国英格兰区域以及东京所依托的日本东海道区域，都是具有雄厚全球影响力的区域。

（一）世界城市的发展模式

尽管在市场经济条件下，市场因素决定城市的形态和结构，形成了世界城市所经历的相似的社会、经济、空间重构过程，但城市不是孤立存在的，城市所在国家和地方政府的政权体制的差异、城市历史轨迹的不同走势使世界城市的发展模式大不相同。世界城市的发展模式一般分为市场主导型和政府主导型。

1. 市场主导型世界城市

市场主导型世界城市是世界城市的原发模式。在全球化的经济中，世界范围的产业通过全球网络发挥作用，跨国公司进行分散生产，但所有权的集中导致管理的集中。生产的空间分散与经济行为的全球整合，二者的结合促使主要城市产生新的战略角色。在世界经济中，全球资本在具备产生全球控制能力的基础设施和服务的城市里集中，使得这些城市成为世界经济中的协调和控制中心，进而演变为世界城市。市场主导型世界城市的全球控制和协调能力是全球资本在市场运行过程中自然形成的，以市场为主要动力。市场机制下国家在经济管治中，为市场运行设立最小限制。纽约、伦敦是这种模式的代表。1940年起，纽约市的制造业萎缩，服务业上升。政府扩大私有化和缩小国家对经济的干预范围，极大地刺激了贸易、金融和投资的全球扩张，与此同时，国际金融生产者服务业（银行、保险、会计、出版、电影制作、管理咨询）以及法律等行业发展起来。跨国公司的总部不断在纽约集中，跨国公司向其他国家和地区的投资不断增加。纽约逐渐成为世界经济的协调和控制中心。

2. 政府主导型世界城市

政府主导型世界城市主要依托国家崛起因素和依靠政府力量的规划推动模式，政府关心的是世界城市对国家发展的作用，将世界城市作为国家经济和政治成功的空间标志，政府往往重视对世界城市所在都市圈的规划，推动大都市发展。东京属于这种模式，二战后日本经济高速发展，主导力量集中在日本西部的西海岸，大量的资本和劳动力涌向这里，产业也主要集中在太平洋沿岸，集聚了大量的来自世界各地的产业类跨国公司总部。政府在提出建设都市圈的概念后，从20世纪50年代末开始，对日本的首都圈建设先后一共制定了5次首都圈基本规划，1999年的规划是距离现在最近的一次规划，提出到2015年在东京都市圈内形成"分散网络结构"。政府主导，统一规划，系统推进了东京世界城市建设。

（二）世界城市发展的专业化分工

世界城市所在的都市圈都是世界级的成熟都市圈区域，都市圈内形成了完善的专业分工体系。在世界城市与所在都市圈互动发展的过程中，中心城市与周边地区通过集聚与扩散相互作用，不断调整各自的职能与产业分工，从区域的整体出发，在市场经济和发展规律的作用下，或通过政府引导，逐渐形成合理的分工布局，实现了区域布局的最优化，提高了区域的整体实力。只有都市圈具备完善的职能分工和产业分工，充分实现区域经济一体化，才能为其核心的世界城市的不断发展提供更为广阔的空间，才能使核心城市具有充足的资源和实力，实行经济中心、金融中心和管理中心的职能，促进世界城市的形成。

1. 伦敦

伦敦作为世界城市，与伦敦都市圈内其他主要城市职能分工合理，共同推动了都市圈的繁荣。伦敦是英国首都，是英国政治、经济、交通中心和最大的港口，是功能齐全的综合性城市、文化艺术名城；伯明翰是英国第二大城市；利物浦是英国第二大商港和重要的船舶修造中心，其腹地宽广，港口设施现代化和专业化，对外贸易占全国的25%，另有电子、仪表、冶金、化学、食品和纺织等工业部门（见表2-1）。

表2-1 伦敦都市圈的城市职能分工现状

城市等级	城市名称	城市职能
核心城市	伦敦	政治中心、管理中心、金融中心、文化中心、航运中心
重点城市	伯明翰	经济次中心
	曼彻斯特	工业中心
	利物浦	工业中心、港口

2. 纽约

纽约作为世界城市，与其所在的纽约大都市圈形成了合理的地域分工格局。纽约是"波士华"城市群的核心,是世界经济金融中心,许多国际集团总部设在纽约市;费城是该城市群的第二大城市,重化工业发达,是重要的钢铁、造船基地和工业中心;波士顿有哈佛大学和麻省理工学院,是文化教育中心和科技中心,微电子工业比较突出;华盛顿是政治中心,市区人口中的一半是联邦政府雇用的官员和服务人员。纽约港是美国东部规模最大的商港,主要以发展集装箱运输为主,是港口群的枢纽;费城港主要以近海货运业务为主;巴尔的摩港则是矿石、煤和谷物等大宗商品货物的转运港;波士顿港既是商港又是渔港,主要以转运地方产品为主。这些港口通过分工,形成了一个分工合理、运营高效的美国东海岸港口群。纽约都市圈区内经济发展在很大程度上得益于金融和技术的支持。金融中心为其提供灵活而便利的资金保证;强大的科研机构作为地方产业发展提供极强的科技支持。资金和技术两个重要的生产要素的支持,使得区域经济可以全面高速地发展(见表2-2)。

表2-2 纽约大都市圈的城市职能分工现状

城市等级	城市名称	城市职能
核心城市	纽约	金融中心、管理中心
重点城市	波士顿	科技中心、教育中心
	费城	工业中心
	华盛顿	政治中心
	巴尔的摩	制造业中心

3. 东京

东京是日本东京都市圈,是日本的政治、金融、贸易、工业中心，还是世界上最大的金融中心之一。东京的制造业发达，是日本的制造业中心，制造业的销售额占全国的1/4。东京的产业分布虽然紧凑，但是东京各产业布局很有层次。东京的内城集中了绝大多数的金融机构，向外层分布依次是商业、服务业、出版印刷业等，工业区坐落在最外围。随着东京都市圈的发展过程中的聚集效应和扩散效应，核心城市附近的横滨、多摩等城市也快速发展起来。

根据新城市经济学的理论，东京都市圈已经处于过度的城市化阶段了。东京多种功能并重的发展模式给整个城市造成很大的负荷。近年东京的部分产业正在向中心外围地区转移。多摩地区承接了大学、高科技产业、科学研究机构；位于神奈川区域东北部的川崎市主要承担着研发职能和生产制造。横滨市的港口逐渐发展成为对外贸易港口；川崎港主要的功能是为大企业运输原料和成品服务。东京都市区的部分政府职能也在向外围转移，崎玉地区接纳了这部分功能，已成为政府机构和生活、居住、商务职能集聚之地。崎玉在一定意义上成为日本的副都。东京都市圈的外围地区接受东京产业转移的趋势越来越明显，也使得整个区域的发展越来越合理。

东京大都市圈形成了明显的区域职能分工体系，即各核心城市根据自身基础和特色，承担不同的职能，在分工合作、优势互补的基础上，共同发挥整体集聚优势（见表2-3）。

表 2-3 东京大都市圈的城市职能分工现状

地　区	区内中心城市	职　能
东京中心部	区部	国家政治、行政、金融、信息、经济、文化中心
多摩自立都市圈	八王子市、立川市	高科技产业、研发机构、大学集聚地
神奈川自立都市圈	横滨市、川崎市	工业集聚地、国际港湾、部分企业总部和国家行政机关的集聚地
崎玉自立都市圈	大宫市、浦和市	接纳东京都部分政府职能的转移，居住地
千叶自立都市圈	千叶市	国际空港、港湾、工业集聚
茨城南部自立都市圈	土浦市、筑波地区	大学、研究机构集聚

资料来源：卢明华、李国平、孙铁山《东京大都市圈内各核心城市的职能分工及启示研究》，《地理科学》2003 年第 2 期，第 150~156 页。

三　北京依托首都圈建设世界城市的借鉴启示

（一）北京世界城市建设与京津冀都市圈互动的发展模式

伦敦、纽约、东京三大世界城市的发展演化表明，正处于加速发展时期的北京，要建设世界城市，必然要依托一个都市圈的支撑，这个都市圈就是京津冀都市圈。

1. 北京建设世界城市的提出与京津冀都市圈界定

以北京奥运会和国庆 60 周年的成功举办为标志，北京经济社会发展进入了全面建设现代化国际大都市的新阶段。北京作为中国的首都，是中国政治与文化中心，也是高新技术产业基础最好的特大城市，同时又有强大的区域经济基础作为依据，有条件率先发展成为全球性世界城市。早在 2000 年，北京制订的"十五"规划便确定了创建世界城市的目标。其后，2005 年中央批复《北京总体规划（2004—2020年）》（以下简称《规划》），确定城市目标为：国家首都、国际城市、文化名城、宜居城市。《规划》中明确了世界城市建设的三个阶段：到2010年构建现代化国际城市的基本构架，到2020年全面建成现代化国际城市，到2050年真正成为世界城市。2009年12月，中共北京市委十届七次全会提出："要瞄准建设国际城市的高端形态，从建设世界城市的高度，加快实施人文北京、科技北京、绿色北京发展战略，以更高标准推动首都经济社会又好又快发展。"习近平同志在北京调研时指出，北京世界城市建设，要立足于首都的功能定位，突出中国特色，努力把北京打造成国际活动聚集之都、世界高端企业总部聚集之都、世界高端人才聚集之都、中国特色社会主义先进文化之都、和谐宜居之都。

北京要建设世界城市，必须处理好与周边区域的竞争与合作关系，通过与腹地区域及城市的相互促进、共同发展，来逐步提升北京在世界城市格局中的地位及控制力。京津冀都市圈是北京建设世界城市的重要支撑基础。对于京津冀都市圈的范围界定，学术界一直有一定的争议，主要观点有："2+7"结构，包括北京、天津以及河北的保定、廊坊、唐山、秦皇岛、沧州、张家口、承德，共9个城市，主要是基于经济联系的紧密程度；"2+8"结构，在"2+7"的基础上，加入了石家庄，主要是考虑到作为河北的省会城市，石家庄可以更好地起到协调管理的作用；"2+11"结构，即包括北京、天津、河北三个省市的全部行政区划，这样划分主要是从经济的联系度和区域的完整性角度考虑的。本书从经济发展、生态建设以及为北京提供支撑等角度考虑，主要探讨"2+11"结构的京津冀都市圈。

2. 都市圈为世界城市建设提供重要条件和基础支撑

北京自身具备世界城市建设的基础条件。近年来，北京作为国家政治、文化、金融、国际交往中心，已呈现率先迈进后工业经济时代的主要标志，如第三产业增加值和就业人口占比均突破70%，第三产业税收所占比重超过80%，人均GDP超过上中等收入国家平均水平。北京市经济发展正在发生三个向度的转型，即从以工业为主向以服务业特别是现代服务业为主转型；从投资拉动经济向消费拉动经济转型；从外延扩张向创新驱动转型，为世界城市建设奠定了良好的经济基础和功能基础。

世界城市的建设除城市自身拥有良好的基础条件外，所在的都市圈在自然区位、经济、文化、科技、人才等方面也发挥着重要的基础性作用，为世界城市的形成提供条件和支撑。从世界城市所处都市圈的地理位置特征可以发现它们都处于沿海地区。沿海地区在利用全球资源、承接国际产业转移和拓展海外市场方面具有得天独厚的优势。在经济全球化的今天，沿海地区尤其是港口城市凭借自身的区位优势，可以迅速地发展成为区域的发动机，带动整个区域的发展，形成产业集群，进而推进都市圈或城市群的形成与发展，而作为中心城市的世界城市就孕育在这其中。伦敦、纽约、东京三大世界城市无一例外，都是著名的港口城市，其所在都市圈都拥有大规模的港口群。京津冀都市圈的天津、河北拥有大规模的港口，能够利用自身区位优势承接北京的港口需求，尤其是天津能够在京津冀都市圈发展中发挥自身优势，服务北京世界城市建设。

京津冀都市圈发展过程中，形成了北京和天津双轮驱动的发展模式，两个经济增长极带动着京津冀都市圈的发展。世界经济已经进入航空时代，由航空枢纽所引发的巨大人流、物流和信息流等，为世界各主要城市在全球范围内配置高端生产要素、提升国家和区域竞争力中发挥基础性作用。都市圈发展临空经济，将优化都市圈空间结构，提升世界城市国际影响力和控制力，伦敦、纽约、东京等世界级城市都有两个甚至多个国际性枢纽机场及临空经济区，成为促进城市经济发展和提升城市国际影响力的重要支撑。北京第二机场建设及临空经济区发展，将有效扩大北京对外交往的平台，提升首都在国际商品、资本、信息、技术、人才等生产要素领域的集散功能，进而增强北京在全球经济体系中的影响力和控制力，使北京在建设世界城市中实现国际金融中心、文化中心、商贸中心、国际一流旅游城市、亚洲会展之都等功能定位。伦敦大都市圈、纽约都市圈、日本东海道大都市圈，作为世界城市所在都市圈都是世界级大都市圈，它们本身就聚集了大量优良的资源，这就为其中心城市的世界城市的发展提供了更有利的保证。作为京津冀都市圈双轮的北京和天津，在经济、文化、科技、人才等方面聚集了大量优良资源，将为北京建设世界城市提供重要支撑。

3. 北京世界城市发展模式选择——政府主导、市场为辅是最佳模式

世界城市的发展模式主要有市场主导型和政府主导型，市场主导型世界城市建设周期长，靠自发的、要素驱动的模式，很难实现赶超和跨越；政府主导型，通过规划引导，由政府组织协调，能够迅速实现崛起和赶超，无法发挥市场调节功能，容易导致有效率、无效益。

北京世界城市建设应在充分重视市场规律的基础上，采取政府主导、市场为辅的发展模式。政府主导型是后发展国家建设世界城市的最佳模式。尽管市场和经济全球化的影响日益凸显，但经济结果不仅取决于各种经济力量，还取决于政府推行的政策，政府对经济运作的影响举足轻重，政府可以利用所掌控的资源影响经济活动，争取本国经济利益的最大化。作为工业化的后发展国家，我国人口众多，资源和环境的约束力大，在发展过程中必然比发达国家面临更多的问题。为保持经济发展的平稳性，政府的干预是必要的。政府对核心城市的影响表现在将国家掌控的重要经济要素集中投入到核心城市，出台更多的优惠政策鼓励和引导经济要素向核心城市聚集，从而吸引世界范围的经济要素在此聚集，致使其迅速国际化，直至走上自我发展的轨道。20世纪90年代的深圳以及后来上海的浦东和天津的滨海新区快速、跨越式的发展就是政府主导、市场为辅成功发展模式的典型代表。

（二）加强规划引导——为发展提供强大动力

世界城市建设的发展模式：纽约、伦敦的世界城市建设是高度工业化和高度城市化互动的结果，是强化国际化因素和市场力量的一种"市场主导型模式"，东京是依托国家崛起因素和政府力量的"政府主导型模式"。北京建设世界城市是在世界经济政治格局变化和重心东移的历史背景下提出的，世界城市建设要依托京津冀都市圈来实现，通过采取政府主导、市场为辅的发展模式，需要发挥政府的主导和规划协调作用，并与市场机制相结合，制定科学合理的相关引导政策和规划，推动世界城市建设和京津冀都市圈发展。伦敦大都市圈的发展经历了1942～1944年和2000～2004年两次规划，在这两次规划中也对控制与疏散大城市及建设卫星城制定了相应的政策；纽约大都市圈发展经历了1921～1929年、1968年和1996年三次大规划；东京大都市圈发展经历了1958～1975年、1968～1975年、1976～1985年、1986～1999年、1999～2015年五次大规划，三个世界城市所在都市圈通过规划解决了世界城市与所在都市圈发展中遇到的问题，优化了都市圈的空间结构、城市功能、产业结构，推动了世界城市和所在都市圈的发展。

目前，国家相关部门正在研究制定《首都经济圈发展规划》，应该以此为契机，突破现有的行政区划束缚，通过高起点、高水平地制定并实施统一的经济社会发展规划，从区域共同发展和国际产业结构调整、产业转移的大背景统筹考虑城市间的分工与合作，着力做好各个城市的总体功能、产业定位及空间布局两大协调以及区域基础设施的合理布局。世界城市建设规划时要对城市未来的土地利用、交通体系发展、公共空间保护、社区发展与保护、工商业区域布局、城市基础设施建设统筹协调，突出强调保护自然生态环境和历史文化资源，有效遏制大都市区的蔓延问题，以便更好地推动北京世界城市建设和京津冀都市圈协调发展。要更新规划理念，转变规划导向，拓展规划视野，以便使规划更切合城市的发展。规划理念：从功能规划模式转向质量规划模式，在1996年的第三次纽约大都市圈规划中，将生活质量视为评判区域国内外竞争力的标准，凭借投资与政策来重建经济、环境和社会公平，提高城市和区域的生活质量便成为规划的基本目标。北京在世界城市建设的规划中要做到：城市政府应从经济管理职能转向公共服务职能，注重城乡基础设施和公共服务的均等化规划和布局，提升公共服务产品的供给质量；珍视环境资源，以自然环境的承受能力为规划背景，采用人的尺度，追求多样性，发展公共交通，尊重历史传统，保护文化资源；在城市建设用地的规划布局中，要注重提高公共绿地、交通用地等公共设施用地及公共服务用地的比重，将产业结构优化与用地结构优化有机结合起来。规划导向：从产业城市规划转向循环城市规划。传统城市规划偏重产业发展和空间布局，追求经济效益最大化。现代城市规划应当以城市可持续发展为核心，注重经济、环境与社会公平的统一，追求社会福利最大化和空间均衡发展，要做好产业结构的合理调整。规划视野：从单个城市规划转向城乡统筹规划及都市圈规划。传统的城市规划往往着眼于单个城市市区内部各项资源、要素和产业的空间配置，却较少关注其与周边其他城市的竞争与合作。世界城市建设则更加突出"城市-区域系统"，其经济集聚和扩散边界远远超越其行政边界。北京世界城市建设规划，不仅要覆盖市区、郊区和农村，开展城乡统筹规划，而且要考虑到它与周边城市之间竞争与合作的共生关系，开展大都市圈规划。特别是在重大基础设施建设、重点产业布局、环境污染防治、重大灾害处置等方面，要从都市圈的整体利益出发，构建协调联动规划机制及风险共担、利益共享的分配机制，确保都市圈规划的统一实施。规划实施要实现从政府主导到全民参与，美国的城市规划编制是自下而上、在公众参与下完成的。从基层的社区、城区做起，向上归并，主要通过公告、召开听证会等形式，让专家学者、社区民众提意见，反复讨论协商，尽量达成一个多方都能接受的方案。美国通过法律对公众参与加以明确规定，美国公民有权决定和参与城市规划，在规划过程中，必须举行多次公众听证会，并根据听证意见及时修改规划。在充分接纳公众意见后，规划交由专家审议机构进行审议，最后由议会通过，具备法律效力。规划付诸实施后，公民还可以提出修改意见。这种做法值得借鉴。

（三）完善法律体系——为发展提供制度保障

世界城市建设和都市圈发展离不开健全的法律保障，伦敦、纽约、东京世界城市和所在都市圈发展都证明了这一点，如日本首都圈的建设之所以能取得成功，首先得益于法律体系的保障，为保证规划的顺利有效实施，前后共制定了十几项相关法律。日本在制定相关法律、保证建设规划顺利实施的同时，根据首都圈实际发展变化及时修改、完善相应的法律也是其成功的经验。日本国会于1956年制定首都圈整备法，在制定后就随着五次基本规划的进行经过了数次修改完善。一系列法律法规的完善和实施，不仅促进了首都圈城市内部和城市之间协调发展与生产力的合理布局，更为重要的是使首都圈的规划有法可依，使首都圈的建设和管理纳入法制轨道。由于中国的规划没有相应的法律体系保障，因此规划大部分成为一纸空文。中国目前的城市规划法律只有《城市规划法》，尚缺乏关于都市圈规划的法律和法规。因此，制定相应的都市圈规划相关法律，通过法律法规保障都市圈规划的严肃性和权威性已迫在眉睫。要加快立法工作的步伐，将首都经济圈的建设与管理纳入法制的轨道，确保都市圈规划的各项内容的有效实施。纵观三大世界城市的发展演化，世界城市的发展更加注重生态的协调，党的十八大报告中明确提出包括生态文明在内的五位一体的模式，在世界城市建设和都市圈发展中不能再走伦敦、纽约等城市建设世界城市的老路，而要走绿色发展之路，这就需要在规划中注重生态协调发展，有健全的环境保护法律体系。北京的雾霾、沙尘天气以及饮用水制约都严重影响了北京的世界城市建设，更加突出了健全环境保护法律体系的紧迫性。目前，尽管我国已经以《宪法》和《环境保护法》为基础，颁布了一系列环境保护的法律法规，但其滞后于实践的需要,如环保法律的内容比较滞后。为了适应北京新形势的需要,按照市场经济体制下生态环境与经济社会协调发展的要求,尽快确立一些实际、有效的环境管理制度,如污染赔偿制度、生态补偿制度、环保考核与责任追究制度、信息公开化制度等。政府对企业的绿色发展有引导义务,如对企业实行绿色分类,在投资审批、上市、信贷和税收等方面优先鼓励绿色企业,淘汰不达标的企业。出台政策鼓励企业间成立绿色联盟,通过定期论坛和国际交流等形式提高企业的生态意识。

(四)建立可行的跨行政区协调机制——为发展提供机制保障

世界城市对所在都市圈有明显的辐射带动作用,而我国都市圈核心城市在发展过程中对周边地区的带动作用不够明显,长期以来重"外引"而轻"内联",强调"对外辐射"而忽视"对内扩散"(乐言,2004)。与此同时,大都市圈内的各种行政壁垒仍然十分严重,与市场经济体制要求相适应的管理体制尚未形成。这些问题的存在使得整个都市圈发展基本处于松散无序状态,致使都市圈内部出现了大量的重复建设、无序竞争、缺乏合作共赢意识的情况,严重制约了都市圈整体效应的发挥。因此,在建立可行的跨行政区域协作机制方面,可效仿日本成立类似大都市圈整备委员会的机构,负责制定都市圈内的总体规划和协调各利益相关部门,如经济建设、产业布局、空间优化等重大事宜,制定符合各城市的发展规划；成立仅有单项职能的专门管理机构，负责管理大都市圈内的专项公共事务，如消防、供水、公共交通等，以促进大都市圈整体功能的充分发挥。美国十分重视跨行政区的协调组织或者都市区政府的作用。纽约大都市经济圈在城市郊区化过程中存在着郊区无序开发、缺乏公共服务中心、休闲和绿色空间被侵占等问题。为了城乡协调发展，涌现出了大量区域协调组织，既有政府支持的组织，也有民间成立的非营利组织。比如，1898年成立的大纽约市政府、1929年成立的区域规划协会、20世纪60年代成立的纽约大都市区委员会等，它们积极倡导区域规划和区域合作，在区域规划和区域发展协调机制形成等方面发挥了重要作用。京津冀都市圈的高层次协作组织已经初步建立，但是缺少中央政府的指导。建议在京津冀高层协作组织中增加国务院有关部门的领导，并由国务院赋予其相应的权限，形成定期磋商、重大问题统一规划部署，信息互通、利益共享等协调机制，定期就区域发展问题进行会议磋商，遇到重大问题，如区域分工合作、生态环境保护、基础设施共建等，通过协商协作机制，统一规划，合作共赢，以指导协调京津冀以及华北各省市的发展。

（五）完善城市体系建设——优化世界城市和都市圈的空间结构

建设世界城市必须构建世界城市区域体系。如同纽约大市区、大伦敦、日本东京圈，世界城市的发展都不是靠单个城市发展起来的，而是整个世界城市区域的繁荣。纽约世界城市发展基于纽约大市区广阔的发展空间。纽约大市区并非政府划定的行政区，是由"纽约区域计划委员会"根据社会、经济特点而划定的"城市化地理区"。大伦敦空间结构为伦敦建设世界城市提供了可能。现在的伦敦主要包括三个层次：一是伦敦城，二是大伦敦市，三是管理松散的以伦敦为核心的英国东南部城市化地区。东京圈的形成与发展是东京世界城市崛起的重要支撑。"东京圈"是以东京都为核心，以京滨、京叶临海工业带为依托，由东京及其周边半径距离为100千米范围左右的20多个规模大小不等的城市组成的环状大城市带。

纵观世界城市所处的都市圈，都具备完善的城镇体系，等级结构合理，网络体系健全，次级核心城市作为承上启下的缓冲区，发挥了巨大的作用。京津冀都市圈在城市体系上存在着严重的断层现象，第一梯队的京津两个核心城市发展迅猛，规模巨大，而河北却没有很快地培育出作为第二梯队的次级核心城市，新城的发展也相对滞后，城际没有形成完善的网络体系，导致能量的传递在都市圈内部缺乏有效的衔接，核心城市对腹地的辐射作用不能有效发挥。发达的核心城市和落后的腹地，也阻碍了京津冀都市圈整体实力的提高。加快京津冀都市圈新城和城市网络体系建设，有助于为北京建设世界城市提供强大的城市体系支撑。因此，京津冀都市圈应加大力度培育和发展京津的周边地区，尽快形成都市圈内的次级核心城市，使其成为核心城市和低层级城市之间的衔接。一方面，京津冀要加大卫星城的建设力度，不能停留在只搞房地产建设，成为

"睡城"的阶段，应该引进适合的产业，以就业为支撑，提供工作、生活、居住、休闲娱乐等众多功能为一体的反磁力中心。吸引京津城区的部分高素质劳动力，缓解京津的人口、资源压力，同时形成都市圈内部的过渡带。另一方面，积极培育唐山、秦皇岛、廊坊等具有区位优势、资源丰富的城市成为次级核心城市，使京津冀都市圈形成空间布局与功能相协调的城市网络体系。

（六）加强分工协作——为发挥区域整体效能提供动力和支撑

国际上成熟都市圈内部城市间均已形成合理的职能分工与产业协作，而这正是都市圈成功的关键因素。一般而言，中心城市或次中心城市的职能相对综合多样，而外围城市专业性较强。伦敦、纽约、东京都市圈都形成了明显的区域职能分工体系，即各核心城市根据自身基础和特色，承担不同的职能，在分工合作、优势互补的基础上，共同发挥整体集聚优势。王得新博士（2013）通过对我国三大都市圈专业化分工水平的研究，得出大都市圈专业化分工程度偏低，主要原因是市场化程度低，交易效率不高；产业结构差异度较高，但圈内缺乏完整产业链；圈内合作动机不强，缺乏区域合作制度。北京建设世界城市，需要加强都市圈内城市间的分工协作，实现产业调整与升级。京津冀都市圈范围内，应该根据不同城市的特点和优势，充分发挥市场机制，形成优势互补的区域产业分工体系。北京是"国家首都、国际城市、文化名城、宜居城市"，是京津冀都市圈的政治中心、科教中心、总部控制中心、高端服务中心。北京可以凭借其政策、人才、科技等优势大力发展以现代服务业和科学技术研发产业为主的第三产业，提升城市的辐射能力。天津是"国际港口城市、北方经济中心、生态城市"，具有发展现代化制造业的基础和天然的港口优势，应逐步建成世界先进的制造业基地和研发中心，建成我国北方最大的国际贸易口岸和现代物流基地。为更好地发挥北京和天津在京津冀都市圈的双核心作用，应依托第二机场建设，进一步优化各自产业布局，形成京津经济走廊，服务北京世界城建设。河北的定位是原材料重化工基地、现代化农业基地和重要的旅游休闲度假区域，同时肩负着京津高技术产业和先进制造业研发转化及加工配套基地的功能。河北应借助资源丰富、劳动力众多以及内含京津的区位优势，在大力发展传统产业的同时，积极承接京津两市的转移产业，并在环境保护、资源利用等方面与京津两市形成积极的、良性的互动。

（七）推进基础设施一体化建设——为区域发展提供硬环境支持

世界城市作为具有世界性影响力、控制力的顶级城市，需要具备强大的交通网络、信息网络等，以便人流、物流、资金流、信息流等在这里聚焦、交换、流动，而交通网络和信息网络就是实现这种交流的重要通道。网络的建设绝对不是孤立的，只有在都市圈内建立完善的网络，才能够支撑都市圈的产业布局、空间布局等，才能最终实现都市圈与核心城市的共同发展。东京都市圈形成了交通港口一体化的交通网络，并且它具有世界上最发达的区域轨道交通系统，由国家铁路（Japan Railways）、私营铁路、地铁三大系统组成，覆盖了东京的繁华地带并且辐射郊区地带，使得在城中工作、生活的居民可以依靠轨道交通系统通勤。据统计，这三种交通方式每天运送人数达到总人数的85%左右。纽约都市圈形成了以自配小汽车为主、以通勤铁路为辅的交通网络模式，公路和区域铁路是纽约都市圈的两大主要交通设施系统。据统计，在远郊区域，小汽车使用比例达到了99.9%；在近郊区域，小汽车的使用比例为97.2%；在中心城市，小汽车的使用比例为53.6%。国外都市圈的发展经验表明，轨道交通网和快速道路系统是城市密集地区演变为都市圈的重要基础。快速铁路、地铁、轻轨等轨道交通和快速道路系统保障了大都市的运转效率。京津冀都市圈的区域交通基础设施建设水平不能满足都市圈的经济社会发展要求，除都市圈中的京、津、唐、石等大城市之间的交通较便利外，大城市与中小城市或中小城市之间的交通联系还比较弱，且衔接不合理、不充分，影响了交通的便捷。港口建设存在严重的重复建设和无序竞争，没有形成分工合理的港口群。区域交通建设缺乏整体的协调机制，从规划、建设，到运营、管理都缺乏协同性，也阻碍了区域交通一体化的进程。要在机制上进行改革，做到不同行政主体之间、不同交通部门之间协同规划、建设、运营、管理，以推动京津冀都市圈交通一体化；通过重点建设京津城际轨道交通、铁路客运专线和京津高速公路，加快建设"环京津唐承张"和"环京津沧保张"两条高速公路主干道，形成京津冀综合交通大通道；航运以天津港为港口枢纽，以秦皇岛港、黄骅港功能分工为基础，重点加强港口后方铁路、公路、空运建设，形成综合性、多功能的现代化港口集疏运体系；以加强沿海产业带交通联系为目标，重点建设环渤海铁路和公路，形成纵贯南北的综合交通体系。构建以首都第二机场为枢纽，以轨道交通和高速公路为主导的现代综合交通体系。围绕新机场的服务区域，进一步完善京津冀区域交通体系，构筑以首都机场、首都第二机场、滨海机场及天津海港为中心的京津冀高速铁路网，推进"海、陆（公路、铁路）、空"功能有效整合，提升首都第二机场的集、疏、运水平和对首都经济圈产业的整合带动能力。国家信息中心是东京世界城市的核心功能之一，东京作为日本乃至世界的信息中心，来自中央政府部门的信息是主导东京世界城市核心功能形成的关键因素。北京在世界城市建设中应加快信息技术基础设施建设，推动信息技术升级。

（八）加快创新型城市建设，构筑人才聚集地——为发展提供智力支持

创新是世界城市的永恒话题和不竭动力。世界城市所具有的全球控制力和影响力，是基于竞争力基础之上的，而竞争力的来源之一便是创新。每年东京诞生的发明专利占整个日本的42.5%，创新成为世界城市的重要职能之一。北京应进一步健全创新体制机制，完善创新政策体系，以中关村为龙头和重要载体，以创新软环境为

重要突破方向，推动高端人才聚集。高端人才聚集是伦敦世界城市形成的智力保障，伦敦的高等教育发达，拥有40多所大学、学院，聚集了大量的高端人才。伦敦的大学是市场主要的劳动力供给源，高素质的劳动力吸引了大量的跨国企业，成为伦敦城市竞争力的重要因素。据统计，北京世界500强总部及跨国公司数量都已经超过纽约和伦敦，世界级跨国公司在北京的分布数量也超过东京。北京虽然高等院校云集，在数量上超过纽约和伦敦，但在世界排名前100名的高校中，仅有清华大学和北京大学两所，而且截至目前，还没有一所称得上是世界一流的大学，如美国纽约哥伦比亚大学、日本东京大学、英国伦敦经济学院，北京优质高等教育资源与三大世界城市相比还有一定差距。在世界城市的典型产业如高科技产业、金融产业和文化创意产业等方面，纽约、伦敦、东京都有50%~55%的从业人员集中在这三个产业中，而北京只有17%左右，说明北京的人才产业分布不合理。纽约、伦敦和东京等世界城市的高科技产业从业人员比重基本上都在30%左右，而北京只有4.1%；在金融产业人员和文化创意产业人员方面，北京与三大世界城市相比也存在较大差距，特别是金融产业人员，北京只占2.32%，而纽约和伦敦均在10%以上。2008年，北京市高技能人才占技能劳动者的比例仅为21.8%，而发达国家该比例一般都达到30%。北京需要构筑人才聚集地，为世界城市建设提供智力支持。要完善人才市场体系，健全人才培养、引进、使用、评价机制，实现有利于首都发展的高度开放的国际、国内人才大循环。全面提升社会事业水准，健全人才社会服务体系，努力形成具有国际竞争力的人才环境。加强海外高层次人才引进，建立海外高层次人才特聘专家制度；制定具有国际竞争力的海外人才吸引政策，完善人才薪酬、税收、社保、医疗、住房、子女入学等配套政策。引导和鼓励高等院校、科研院所、企业跨国家和跨地区开展学术交流和项目共建，促进各类人才融入国际竞争。加强与海外高水平教育科研机构、知名企业的合作，联合建立一批研发基地，推动首都人才参与国际前沿科学和应用技术研究。

第三节　规律探讨

世界城市的形成和发展无不与所在都市圈存在着相互依托、相互促进的内在联系。当今世界公认的全球性世界城市伦敦、纽约、东京，无不是依托所在城市区域来增强其国际影响力，发挥对全球经济活动的重要协调控制作用的。

一　世界城市的崛起离不开所在区域的基础和支撑

（一）世界城市形成于世界增长重心地区和最具实力的城市群之中

纵观世界城市的发展历程，有一个明显的规律性，即世界城市形成于世界经济增长重心所在区域最具实力的城市群之中。从全球范围内世界城市与工业化、科技革命、世界经济增长重心的关系来看,以时间为序,工业化始于欧洲,继而向美洲和亚洲推进,并分别造就了伦敦、纽约和东京三座世界城市。与此同时,人类历史上经历的三次科技革命都诞生了不同时代、不同地区的世界城市。第一次科技革命(蒸汽机革命)使伦敦成为第一座世界城市,第二次科技革命(内燃机和电力技术革命)使纽约成为第二座世界城市,第三次科技革命(信息技术革命)使东京成为第三座世界城市。随着技术革命的更迭,世界经济增长重心在全球范围内不断转移,促进了经济增长重心所在区域的城市化进程,形成若干巨型城市群或大都市圈,其核心城市也在此基础上逐步发展成为世界城市。伦敦、纽约、东京是当今世界最具代表性的世界城市(见表2-4)。

表2-4 世界城市的发展阶段与技术革命和世界经济增长重心的关系

年　代	技术革命	世界经济增长重心	世界城市	巨型城市群
19世纪40年代	第一次技术革命(蒸汽机革命)	英国	伦敦	"伦敦-伯明翰-曼彻斯特"城市群
19世纪末20世纪初	第二次技术革命(电力革命)	美国	纽约	"波士华"城市群
20世纪60~70年代	第三次技术革命(以信息技术为代表的新技术革命)	日本	东京	东海岸城市群

世界城市的崛起与技术革命、经济发展长周期以及新的世界经济中心形成有着密切的内在关系。根据俄国经济学家康德拉季耶夫

的长波理论，经济发展大约以 50 年为一周期，自 18 世纪末以来，迄今世界经济已经历了四次长波，而每一次长波都有不同的主导产业来引领经济发展。由于各国对技术革命和接纳创新的反应不同，新的主导产业总是率先产生于某些国家，从而造成世界经济增长重心的转移，最终形成新的世界经济中心和世界城市。国内学者宁越敏认为，长波与世界城市形成之间的关系可以表述为以下一系列环节：首先，新的主导产业形成后，必然导致该国在国际贸易中占有比较优势，这有利于产品的大量出口，从而使该国的国际贸易出现大量顺超，成为国际贸易中心；其次，贸易的巨额盈余，使本国货币国际化程度不断提高，这有利于形成国际金融中心，而国际金融中心、贸易中心正是世界城市的主要功能；再次，一国在成为新的世界经济中心的过程中，通常伴随着大型跨国公司、跨国银行的出现，这些公司因业务需要，常将总部机构设置于世界城市之中，从而使世界城市成为世界经济的中枢。

（二）世界城市的发展需要所在区域的强大支撑

任何一个世界城市，都不是一个真正意义上独立维持的个体，而是更多地体现为"世界城市-区域"这一空间形态。它是在全球化高度发展的基础上，以经济联系为基础，由世界城市及其周边腹地经济实力较为雄厚的二级城市扩展联合而形成的一种独特的空间现象，是一种新的城市组织形式。国际经验表明，世界城市必须依赖于它所辐射的区域来汲取和释放"能量",它的发展程度受所在区域的发展程度的推动或制约。经济实力越雄厚、腹地面积越大、经济基础越好、城市化水平和区域一体化程度越高的区域,越有可能产生经济能量高、辐射力强的中心城市,而当其辐射力和影响力扩大到整个区域乃至世界范围时,就会发展成为世界城市。巨型城市群或都市圈是世界城市经济、文化、政治的载体和基础,决定了世界城市在世界城市体系中的地位和作用。

(三) 世界城市是中心城市与所在区域相互作用的产物

根据都市圈理论,集聚和辐射是世界城市及其所在区域(城市群、都市圈)发展和演进的重要机制。一般而言,在集聚与扩散两种力量的相互作用下,人口的向心迁移和离心迁移贯穿于城市化发展的全过程。在城市化发展的不同阶段,核心城市的集聚与扩散的相互作用力不同,它与周边城市地区的关系也有很大不同。在集聚远大于扩散的城市化初期阶段,二者的关系更多地表现为中心对外围的要素"虹吸"和外围对中心的支持和服务,其结果是拉大了二者的发展差距;而在集聚与扩散并存,甚至扩散大于集聚的城市化加速发展阶段,二者的关系更多地表现为中心与外围的"互动":一方面,中心辐射带动周边发展,对整个区域发挥着产业传导、技术扩散、智力支持、区域服务和创新示范等带动作用;另一方面,周边对中心则发挥疏解人口压力、承接扩散产业、提供生态屏障、基础设施共建、扩张发展空间等作用。可以说,世界城市是中心城市与周边地区相互作用的产物，是在与周边城市（地区）分工、互补的相互推动下，逐步由地区性城市、国家中心城市、区域性国际城市发展到全球性世界城市。

（四）世界城市对全球经济的影响力和控制力有赖于区域分工与整体实力

世界城市的本质特征是拥有全球经济控制能力。其金融中心、管理中心是世界城市最重要的经济功能。世界城市处于世界城市体系等级金字塔的塔尖，强大的实力和广泛的影响力，远远超出了一个普通城市的水平，仅靠自身的力量发展是不可能达到的，这就要求其必须处于一个世界领先国家的发达都市圈之中，利用与都市圈所形成的合理分工体系来提升其对世界的影响力和控制力。弗里德曼（1986）认为，世界城市形成的基本动力来自新的国际劳动地域分工。如纽约金融、贸易等功能在国内独占鳌头，费城重化工业比较发达，波士顿的微电子工业比较突出，巴尔的摩的有色金属和冶炼工业地位十分重要，而华盛顿的首都功能则为整个大都市圈抹上了浓重的政治中心色彩。显然，纽约在世界城市体系中的地位以及对于世界经济的控制能力，不仅仅来自自身，还来自它所在的大都市圈以及整个美国东北沿海大都市带的整体经济实力。世界城市靠单打独斗是不可能形成的，其对全球经济的影响力和控制力有赖于所在区域的合理分工和整体实力。

二 世界城市是所在区域的核心中枢、科技先导和增长引擎

纽约、东京、伦敦、巴黎等世界城市及其大都市圈发展历程虽然各具特色，但在其形成和演进过程中，都经历了"核心城市壮大""单核心都市圈建成""多核心都市圈域合作发展""大都市圈协调发展"四个阶段，显示了世界城市及其大都市圈由小到大、由低级向高级发展的基本历程。在世界城市与所在大都市圈形成、发展、壮大的过程中，作为核心城市的世界城市，始终发挥着主导、核心和带动作用。

（一）中心城市向服务经济转型，促进单核都市圈形成

在城市化发展的初期，由于中心城市强大的集聚作用，产业和人口不断由周边地区向核心城市集聚。当核心城市规模达到一定程度时，城市内部高密度集聚和空间有限性之间的矛盾带来各种"大城市病"（集聚不经济），于是出现了产业和人口向外扩散的内在动力和发展态势。这种要素和产业的疏散，在空间上表现为沿主要交通轴线圈层状的蔓延，既保证了核心城市本身规模的适度和产业结构的优化，又加速了周边地区的发展，并与次一级的中心城市融合形成更大一级的都市圈。显然，正是中心城市的集聚效应以及率先实现产业升级，通过产业、功能的向外扩散和疏解，促进了都市

圈内的产业分工格局和城市功能分工体系的形成，因而，中心城市是都市圈形成发展的核心力量。

世界城市的发展历程显示，在中心城市将已经失去比较优势的传统生产制造业向周边扩散转移的同时，在经济全球化的背景下，也是各种高端要素及现代服务业如跨国公司总部、生产型服务业、科技信息产业、国际商务活动、文化与旅游产业、国际会议及国际组织等大量、迅速地向它集聚的过程。正是通过产业升级和向服务经济转型，中心城市不再直接生产工业产品，而成为积累和扩散国际资本的基点，并通过复杂的全球城市体系成为整合全球生产和市场的指挥者和协调者，同时经济的影响力由都市圈扩展到国家再扩展到全世界，其城市功能逐步上升为全球经济活动的"控制中心"，进而发展成为世界城市。可以说，中心城市向服务经济转型，是世界城市－区域形成的开端。萨森（1994，1995，2001）认为，全球城市是经济全球化驱动下生产空间分散式集中和全球管理与控制结合，代表了一种特定历史阶段的社会空间。全球城市不仅是全球性协调的节点，更重要的是全球性生产控制中心，因此应当更加重视全球城市的生产者服务（Producer Service）功能。

（二）中心城市向创新经济转型，促进多核心都市圈合作发展

世界城市首先是创新城市，创新能力是世界城市的灵魂和生命。只有具备创新属性的世界城市，才能顺应外部环境条件的变

化，通过内部激发出的活力和创造力，吸收和融合新的外部推动力量。

在由单中心都市圈向多核心都市圈发展演进的过程中，中心城市的创新活动起着关键性、决定性作用。中心城市的创新活动，首先表现为中心城市新产业不断涌现或占据产业的高端部分，中心城市向周边城市的产业转移加快，不但转移资本密集型的制造业，也将标准化服务业向周边转移，并就非标准化知识（稀缺资源）与周边展开竞争，形成在创新驱动下的都市圈专业化分工体系。从世界城市的发展路径来看，一种形式是在跨国公司和国有公司的地方化需求驱动下，在中心城市的边缘地区形成新的城市形态，它与中心城市实现数字化连接，逐渐成长为大都市区边缘的新增长中心（Sassen，1994）。而新增长中心的出现，又会吸引相关产业的聚集，从而增加新增长中心的聚集经济利益。在新增长中心的周边形成次级的"中心－外围"结构，中心的辐射能力不断向更远的周边扩散，把更远的周边区域变成中心的腹地区域，这是单个中心在点上不断扩大的过程。另一种形式是两个或两个以上距离很近的增长中心，在不断扩展的过程中，把对方的周边纳入自己的范围里去，使周边在两个或两个以上辐射源的带动下形成分工深化，这些中心逐渐融合成一个更大的经济增长中心。增长中心由一个点变成一个面，这个面的辐射能力更强，更能抵挡外部对增长中心发展的不利因素，从而将更大范围的周边纳入自己的辐射范围，形成更大的"中心－外围"结构。

在多中心都市区（圈）形成阶段，随着专业化分工的加强和交通运输、通信网络的完善，中心城市和周边地区间的空间相互作用逐步增强，但仍以垂直分工为主。一方面，随着中心城市日益成为技术与制度创新的中心，中心城市对周边地区的辐射和带动作用日益明显，包括产业扩散和创新扩散。周边地区一些位于交通轴线上、区位条件较好的地区或城镇，在中心城市扩散作用力的影响下，承接了标准化的服务业发展，成为次中心，并逐步被纳入中心城市的发展过程中。另一方面，随着中心城市圈域的扩展，它也会与周边地区的其他城市圈域发生交叉和重叠。区域内多个中心彼此相互作用与融合，并最终形成一个有机联系的城市群落。此时的城市区域呈现大范围扩散、小范围集聚的特点，内部城市体系以网络化、多中心为特征，城市区域内部职能分工明显，联系得到加强，网络化大都市的雏形也就显现出来了。

（三）中心城市向信息经济转型，促进多中心网络化大都市圈协调发展

这一阶段的城市化特征集中表现为网络化。网络化城市体系与中心地体系的区别在于，前者强调城市间要素、信息的交互性，淡化中心城市。一方面，信息技术的网络化，导致多中心的空间格局。世界城市在空间上定位于一种新全球化经济下的地方与全球交互之中，高度"信息化"经济、信息技术的发展是前提。纽约、洛杉矶、伦敦、东京就是通过复杂的计算机、海底光缆、当地电话和微波线路，以及通信卫星组成的网络彼此联系。在这些城市中发生

的交易、会议和其他职能不必限定于一个地方,而可以通过先进的电子通信系统与全球其他城市相连接。地理学者已经认为电子通信方式打破了集中与分散之间的张力,信息服务部门倾向于分散在多中心的空间形式之中(Berry,1973)。另一方面,交通的网络化。在多中心的格局下,世界城市建立起了由高速公路、高速铁路、大型航港、通信干线、运输管道、电力运输等构成的区域性交通基础设施网。通过快速交通设施等将城市的多个中心以及分散的新城联系起来,加速了区域间资源的整合,促进了世界城市内部人流、物流、资金流和信息流的流动,形成网络状的空间组织结构。即时通信技术和交通网络化极大地降低了交通成本,刺激企业和家庭搬往边缘地区,从而促进城市向外增长。同时,这种趋势增加了对分散式营运的控制和协调需求,并进一步推动了专业管理活动在战略地点上重新集中的趋势。网络化城市体系的空间过程并不是简单的二分法(分散或者集聚),创新中心会形成,同时又会转移;技术创新会扩散,同时又会重新集聚。世界城市不但占据了全球网络中重要节点的地位,并且在很大程度上控制了世界经济得以运作所需的人员、货品、资金及信息等的流动,是产业指挥控制中心(企业总部)、金融机构及许多高级服务业的集中地,是将地方资源与经济活动纳入全球体系的中心地点,更是在全球化进程中影响地方经济发展的媒介中心,成百上千个地方被连接到这个全球性的信息处理和决策网络中,在全球化与地方化的相互作用中,形成世界城市区域。

多中心网络化大都市圈协调发展阶段是大都市区域发展的高级

阶段。此时，中心城市与周边城市根据各自不同的城市职能与资源禀赋有机联系、互为补充，使整个区域内的社会经济高度融为一体。区域中心城市之间通过彼此的吸引与辐射，以及经济流、信息流、人流和物流等的交互作用，实现了对区域内资源的有效整合和协调，并同时促进着区域内网络化城市体系的整体协调发展。

三 都市圈为世界城市提供要素、拓展空间和发展平台等支持

世界城市的发展受制于或依赖于它所依托的区域，区域兴则兴，区域衰则衰。区域是世界城市经济、文化、政治的载体和区域基础，区域的相对发展水平对世界城市的形成起决定作用，同时也决定该世界城市在世界城市格局中的地位与作用。

（一）中心城市集聚极化阶段，所在区域为中心城市提供要素支持

世界城市首先是国内有影响力的中心城市，它需要一个发达的区域支撑，通过区域来发挥它的控制力和影响力。中心城市凭借其特有的资源禀赋和先发优势，通过对周边腹地的人流、物流、资本流的吸引，将区域内最优质的资源、收益率最高的产业集聚其中，这为世界城市的形成奠定了良好的基础。世界城市所在都市圈往往处于沿海地区，拥有天然的区位优势、优良的港口，为世界城市建

立发达的输运系统、参与国际分工和发展对外贸易提供通道。同时，世界城市具有高度开放的市场和相对丰富的自然资源、人才和技术等资源条件和良好的经济发展态势，为世界城市产业集聚提供必要的生产要素。随着交通运输条件的改善和制度创新的加快，经济活动的壁垒逐渐消除，将为经济中心向周边扩散创造条件（见图2-3）。当然，这种集聚会带来经济极化和两极分化，使中心城市与周边腹地的经济落差进一步拉大。

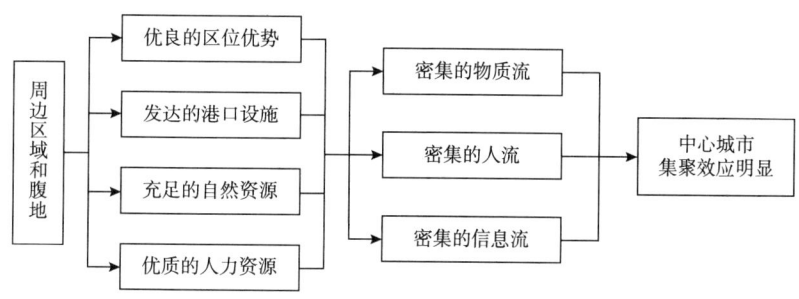

图2-3 所在区域和腹地对中心城市的支持方式

（二）单中心都市圈形成阶段，所在区域为中心城市疏解压力、拓展空间

中心城市凭借在区域内聚集力的上升以及在国内影响力的增强，在世界城市体系中占据重要地位，成为国际分工中的聚集中心。中心城市规模继续扩张，当收益递增效应基础上的向心力被拥挤带来的离心力超过时，中心城市的人口和产业开始向周边临近地区疏解，"中心-外围"的都市圈结构开始形成，以产业的区域重组为基础，人口、工业和商业及城市的各项基

础设施也开始向周边扩散，在沿交通轴线扩散的同时，进入圈层扩散阶段。中心城市通过借助广阔腹地的巨大承载力，实现产业转移和产业升级，提升城市功能，强化其在国际分工中的地位与世界影响力。与此同时，周边外围地区，通过承接产业和人口获得新的聚集利益，实现经济增长和繁荣。外围良好的基础设施、产业基础、市场需求、公共服务以及发展空间，是中心城市得以缓解承载压力、实现产业升级、功能优化，进而实现阶段跃升的重要前提（见图2－4）。

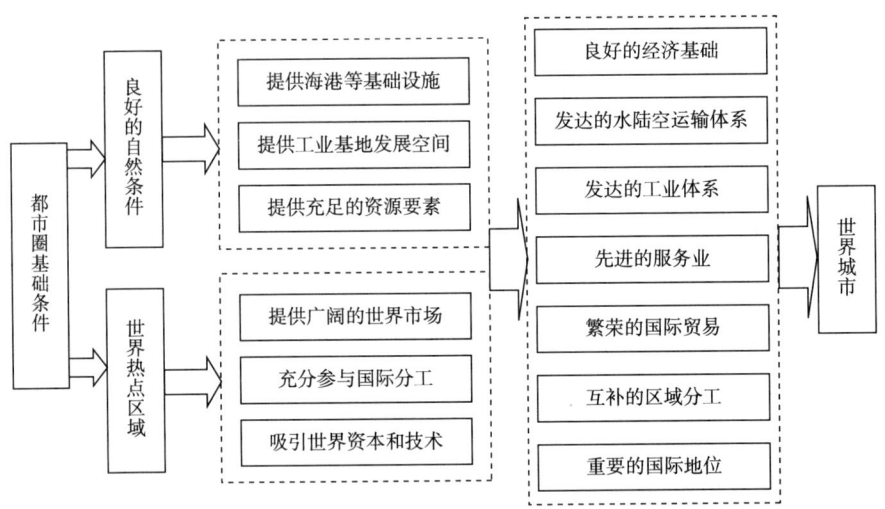

图2－4　都市圈基础条件对世界城市形成发展的影响路径

（三）多中心网络化大都市圈阶段，所在区域与世界城市共同打造更高的发展平台

随着单中心都市圈向多中心、网络化都市圈发展，中心城

市的辐射半径圈层化外扩，首位城市、二级城市、三级城市和小城镇逐步构成相互作用的城市体系，城市体系内部既有纵向联系又有横向联系，形成城市网络。大都市圈中二级城市不断成长，形成多个具有国际影响力的聚集中心，多个都市圈链接、交叠，构成更大范围的大都市圈。区域内部的不同等级城市在分享大都市圈的整体利益的同时，发展各自的优势产业，成为城市体系中重要的节点，逐步进入世界城市区域的成熟阶段（见图2－5）。

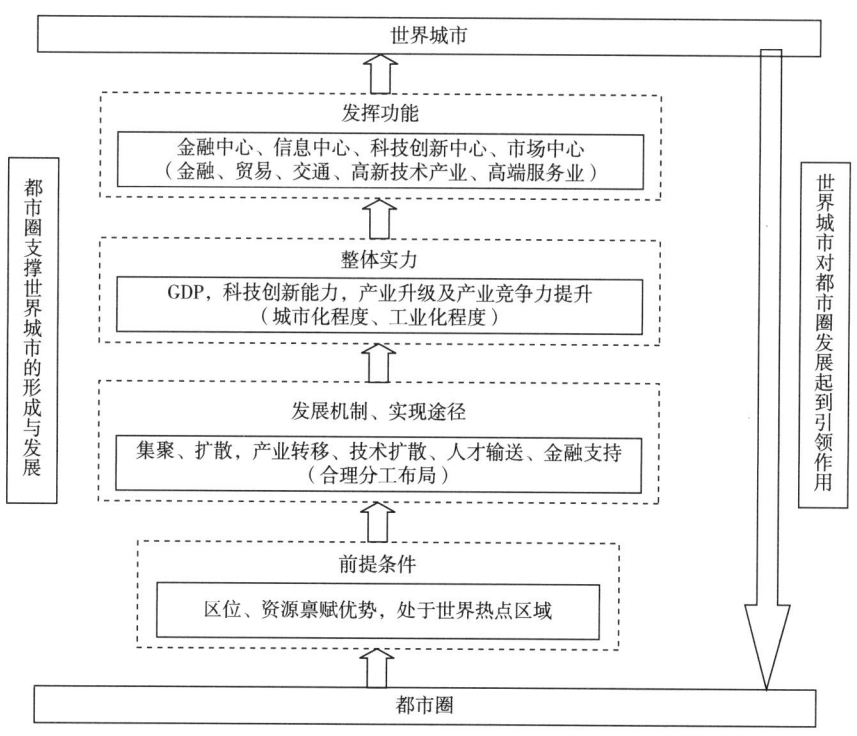

图2－5　世界城市与都市圈的相互作用

第三章 实证分析

第一节 北京建设世界城市的水平测度

根据前面对世界城市与所在都市圈关系的理论分析和规律探讨，从中国以及北京的发展实际出发，北京建设世界城市离不开所在区域的支持。本部分从硬实力、软实力、影响力和承载力四个方面对北京建设世界城市的国际化水平及进程进行实证分析和测度，以期准确判断发展阶段，找出差距与不足，为探寻有效路径提供现实依据。

一 指标选择与测度方法

本书重点选取了能反映世界城市的经济实力、经济水平、要素流量、市场交易量、技术创新及其外溢扩散水平、国际化水平及其影响力等主要指标，包括人口密度、人均GDP、地均GDP、失业率、财政支出、外贸进出口总额、金融中心指数、航空港客运量、航空港货物吞吐量、FDI总额、入境旅游人数、轨道交通里程、每十万人拥有医生数、全球500强企业总部数、举办大型国际会议数量、单位GDP能源消耗、空气中总悬浮颗粒物、研发支出占GDP的比重、专利申请指数、产业结构指数、城市基础设施指数、常住人口外国人占比、人文发展指数、全球联系指数、公共制度指数25个指标（见表3-1），用以判断首都北京的国际化程度与进程，然后通过因子分析的方法达到降维的目的，提取4个公因子（见表3-2），以分别代表城市硬实力、城市软实力、城市影响力和城市承载力。城市硬实力是世界城市因子的核心，发展才是硬道理，没有强大的经济后盾和硬实力，影响力和承载力都无从谈起；城市软实力是世界城市发展的必要条件；城市影响力是建立在软硬实力基础上的必然产物，也是建设世界城市的重要标志和充分条件；城市承载力是世界城市得以健康发展的重要保障，承载力一旦超过极限，上述3个因子都会受到不同程度的削弱，不仅会使城市实力下降，还可能成为制约经济发展的瓶颈。本书从这4个方面将北京与纽约州、伦敦大区、东京都等都市圈与香港和上海等世界城市进行对比，分析其优势与劣势、差距与问题，以期找到北京建设世界城市的有效路径。

因子分析法的具体步骤为：设有 n 个样品，每个样品观测 p 个指标，将原始数据写成矩阵：

$$X = \begin{bmatrix} x_{11} & x_{12} & \cdots & x_{1p} \\ x_{21} & x_{22} & \cdots & x_{2p} \\ \vdots & \vdots & & \vdots \\ x_{n1} & x_{n2} & \cdots & x_{np} \end{bmatrix} = (X_1 \quad X_2, \cdots, X_p)$$

1) 将原始数据标准化；

2) 建立变量的相关系数阵，$R_{ij} = (r_{ij})_{p \times p}$，设 $R = X'X$；

3) 求 R 的特别根 $\lambda_1 \geq \lambda_2 \geq \cdots \lambda_p > 0$ 及相应的单位特征向量：

$$a_1 = \begin{bmatrix} a_{11} \\ a_{21} \\ \vdots \\ a_{p1} \end{bmatrix}, a_p = \begin{bmatrix} a_{12} \\ a_{22} \\ \vdots \\ a_{p2} \end{bmatrix}, \cdots, a_p = \begin{bmatrix} a_{1p} \\ a_{2p} \\ \vdots \\ a_{pp} \end{bmatrix}$$

4) 写出主成分：

$$F_i = a_{1i}X_1 + a_{2i}X_2 + \cdots a_{pi}X_p, \quad i = 1, \cdots, p$$

表3-1 世界城市及都市圈指标评价体系（2010~2012年）

指标体系	纽约州 （2010年）	伦敦大区 （2010年）	东京都 （2010年）	香港 （2011年）	上海 （2012年）	北京 （2012年）
人口密度（人/平方千米）	2825	4758	16686	6786.56	3754	1261
人均GDP（美元/人）	59490	84572	46754	35172	13524	13857
地均GDP（万美元/平方千米）	2048	44046	136654	19087	4806.18	1645.11
失业率（%）	7.9	9.1	3.6	4.4	4.2	1.27
财政支出（亿美元）	1285.660	214.099	995.713	390.350	631.770	690.797
外贸进出口总额（亿美元）	828.940	1509.420	2645.233	8226.200	2068.07	4081.073

续表

指标体系	纽约州（2010年）	伦敦大区（2010年）	东京都（2010年）	香港（2011年）	上海（2012年）	北京（2012年）
金融中心指数	769	775	694	759	694	650
航空港客运量（万人次）（2011）	4768.353	6943.357	6226.303	5331.421	4145.021	7740.367
航空港货物吞吐量（千净吨）（2011）	2199.319	1569.450	1945.110	3698.397	3103.030	1668.751
FDI总额（亿美元）	866.090	405.780	243.116	10974.92	151.85	80.416
入境旅游人数（万人次）	444.340	1528.900	207.851	2231.6	851.120	500.900
轨道交通里程（千米）	1525.66	408.00	2305.00	87.80	457	1115.10
每十万人拥有医生数（人）	396	274	304	180	230	524
全球500强企业总部数（个）	20	18	49	4	5	41
举办大型国际会议数量（次）	32	115	50	77	72	111
单位GDP能源消耗（万焦耳/美元）	249.660	416.100	183.864	113.000	1162.013	949.848
空气中总悬浮颗粒物（微克/立方米）	17.00	18.00	21.00	71.00	79.00	121.00
研发支出占GDP的比重（%）	2.820	1.880	3.440	0.810	3.37	5.95
专利申请指数	0.110	0.184	0.164	0.056	0.068	0.055
产业结构指数	1.00	1.00	1.00	0.64	0.84	0.80
城市基础设施指数	0.394	0.517	0.378	0.353	0.347	0.271
常住人口外国人占比（%）	4.120	21.800	3.110	7.000	0.391	0.561
人文发展指数	0.910	0.863	0.901	0.898	0.687	0.687
全球联系指数	0.800	0.871	0.582	0.483	0.449	0.457

续表

指标体系	纽约州 （2010年）	伦敦大区 （2010年）	东京都 （2010年）	香港 （2011年）	上海 （2012年）	北京 （2012年）
公共制度指数	0.895	0.859	0.813	0.991	0.565	0.565

注：按2010年末可比价格计算1美元=7.775港元（2010年末），1美元=6.6227元人民币（2010年末），1英镑=1.5429美元（2010年末），1美元=119.9888日元，1万吨标准煤=292.70TJ。

资料来源：《纽约统计年鉴2011》、《伦敦统计年鉴》、《东京统计年鉴2011》、《香港经济年鉴2012》、《北京统计年鉴2013》、《上海统计年鉴2013》、《国际统计年鉴2011》，各国政府网站，《全球城市竞争力报告（2011~2012）》，Global Financial Centres 9，State and Metropolitan Area Data Book：2011，Focus on Londun 2011，AIRPORT TRAFFIC REPORT 2009，ICCA组织统计数据，《财富》杂志。指标体系设计参见段霞、文魁《基于全景观察的世界城市指标体系研究》，《中国人民大学学报》2011年第2期，第61~71页。

通过SPSS计算，从表3-2可知，4个因子分别可代表总方差的42.710%、33.921%、14.174%、9.195%，4个因子加起来的总方差达到100%，完全涵盖了上述25个指标。

表3-2 解释的总方差

单位：%

成份	初始特征值		
	合计	方差	累积
1	10.250	42.710	42.710
2	8.141	33.921	76.631
3	3.402	14.174	90.805
4	2.207	9.195	100.000

表3-3 旋转成分矩阵

	因子			
	1	2	3	4
人均GDP	0.902	0.031	0.394	0.174
地均GDP	0.886	0.148	0.153	0.037

续表

	因子			
	1	2	3	4
失业率	0.946	-0.174	0.248	-0.114
财政支出	0.172	0.355	0.256	-0.883
外贸进出口总额	-0.685	-0.612	0.350	0.186
金融中心指数	0.662	-0.359	0.647	-0.120
航空港客运量	0.156	0.539	0.272	0.782
航空港货物吞吐量	-0.553	-0.772	0.310	0.047
FDI 总额	-0.423	-0.545	0.717	0.103
入境旅游人数	-0.237	-0.685	0.601	0.337
轨道交通里程	0.100	0.875	0.009	-0.473
每十万人拥有医生数	-0.138	0.983	-0.123	-0.007
全球500强企业总部数	-0.109	0.949	-0.102	0.278
空气中总悬浮颗粒物	-0.916	0.091	-0.334	0.205
研发支出占GDP的比重	-0.342	0.814	-0.467	0.047
专利申请指数	0.958	0.034	0.042	0.282
产业结构指数	0.873	0.391	-0.224	-0.188
城市基础设施指数	0.925	-0.270	0.150	0.222
常住人口外国人占比	0.746	-0.195	0.249	0.586
全球联系指数	0.938	0.198	0.284	0.010
公共制度指数	0.337	-0.294	0.894	-0.019
人口密度	0.142	-0.851	0.468	0.193
举办大型国际会议数量	0.148	-0.055	-0.034	0.987
单位GDP能源消耗	-0.299	0.125	-0.946	0.008
人文发展指数	0.471	-0.172	0.857	-0.121

通过SPSS计算，从表3-3可知，因子1涵盖的指标，例如人均GDP、失业率等反映了一个城市的硬实力；因子2包含的指标，如研发支出占GDP的比重在一定程度上反映了城市的软实力；因子3、因子4涵盖的指标反映了城市国际影响力和承载力方面的载荷。

表3-4 因子得分系数矩阵

	因子			
	1	2	3	4
人均 GDP	0.089	0.028	0.052	0.045
地均 GDP	0.226	-0.029	-.0.05	0.060
失业率	0.120	-0.050	-0.029	-0.049
财政支出	-0.004	0.072	0.111	-0.248
外贸进出口总额	-0.101	-0.044	0.084	0.042
金融中心指数	0.054	-0.020	0.095	-0.052
航空港客运量	-0.035	0.177	0.154	0.251
航空港货物吞吐量	-0.070	-0.096	0.037	-0.007
FDI 总额	-0.098	0.007	0.187	0.020
入境旅游人数	-0.058	-0.039	0.116	0.080
轨道交通里程	-0.021	0.168	0.116	-0.108
每十万人拥有医生数	-0.053	0.201	0.113	0.036
全球500强企业总部数	-0.053	0.206	0.114	0.118
空气中总悬浮颗粒物	-0.106	0.022	-0.012	0.072
研发支出占 GDP 的比重	-0.045	0.127	-0.002	0.045
专利申请指数	0.126	-0.020	-0.063	0.074
产业结构指数	0.126	0.006	-0.092	-0.052
城市基础设施指数	0.126	-0.071	-0.070	0.046
常住人口外国人占比	0.085	-0.018	-0.010	0.159
全球联系指数	0.098	0.041	0.037	0.001
公共制度指数	-0.017	0.048	0.212	-0.015
人口密度	0.016	-0.116	0.016	0.026
举办国际会议数量	0.015	0.014	-0.025	0.287
单位 GDP 能源消耗	0.035	-0.094	-0.255	0.004
人文发展指数	0.001	0.059	0.205	-0.042

旋转法：具有 Kaiser 标准化的正交旋转构成得分。

在确定4个因子后，根据计算出的各因子的方差贡献率（表

3-4），根据公式 $W_i = \lambda_i (\sum_{i=1}^{m} \lambda_i)^{-1}$ 计算各因子的权重；然后用各城市在4个因子上的得分分别乘以各自的权重计算得出各城市的综合得分。本研究使用 SPSS 软件，通过表3-3计算出的因子得分和表3-2给出的方差贡献率权重为北京、纽约州、伦敦大区、东京都、香港、上海这几个世界城市及都市圈评分，计算公式如下。

世界城市综合得分 = 0.42710 × 城市硬实力 + 0.33921 × 城市软实力 + 0.14174 × 城市影响力因子 + 0.09195 × 城市承载力因子，排名结果见表3-5。

表3-5 北京与世界城市及都市圈的比较

排名	地区名称	城市硬实力因子	城市软实力因子	城市影响力因子	城市承载力因子	综合得分
1	伦敦大区	1.38180	-0.14961	-0.07100	1.12393	0.63
2	纽约州	0.64266	0.71161	0.64271	-1.36657	0.48
3	东京都	0.48687	0.67875	0.23546	-0.12576	0.46
4	北京	-0.97117	1.30910	-0.37807	0.63257	0.03
5	香港	-0.82644	-0.99452	1.21089	0.24838	-0.50
6	上海	-0.22685	-0.87659	-1.40453	-0.63830	-0.65

二 水平测度——与世界城市仍有较大差距

本书重点对前文提炼的4个因子逐一进行分析，主要选取能反映世界城市的经济实力、经济水平、要素流量、市场交易量、技术创新及其外溢扩散水平、国际化水平及其影响力、资源环境承载力等主要指标，将北京与伦敦大区、东京都、纽约州都市圈和香港等世界城市进行比较，得出以下基本结论。

（一）城市硬实力——世界500强企业总部高度集聚，但总体实力还有较大差距

首先，北京的经济总量和人均GDP与成熟的世界城市相比还有较大差距。世界城市一般都是世界经济的龙头，具有雄厚的经济实力，对本国经济具有很高的贡献率，城市GDP作为经济硬实力的重要指标，决定城市经济地位。城市GDP越大，经济势能越强，集聚能力也就越强，从而形成影响世界经济的关键因素。北京城市硬实力与世界城市相比明显不足，在6个世界城市中排名最后（见表3-6）。2012年北京GDP为17801亿元，仅占全国GDP的3.4%，即使京津冀地区的GDP占全国的比重也只有10%左右，而2009年伦敦大区的GDP占英国GDP的比重高达16%。[1] 北京的人均GDP仅仅略高于上海，是香港的1/3，与纽约州、伦敦大区、东京都的差距甚大（见图3-1）。

表3-6 城市及都市圈硬实力评价

指标体系	纽约州	伦敦大区	东京都	香港	上海	北京
人均GDP（美元/人）	59490	84572	46754	35172	13524	13857
失业率（%）	7.9	9.1	3.6	4.4	4.2	1.27
产业结构指数	1.000	1.000	1.000	0.640	0.840	0.800
财政支出（亿美元）	1285.660	214.099	995.713	390.350	631.770	690.797
FDI总额（亿美元）	866.090	405.780	234.116	10974.92	151.85	80.416

---

[1] 宋磊、陈振凯：《北京：加速迈向世界城市与纽约还有多大差距？》，《人民日报·海外版》2010年9月28日。

续表

指标体系	纽约州	伦敦大区	东京都	香港	上海	北京
全球500强企业总部数（个）	20	18	49	4	5	41
地均GDP（万美元/平方千米）	2048	44046	136654	19087	4806.18	1645.11

数据来源同表3-1。

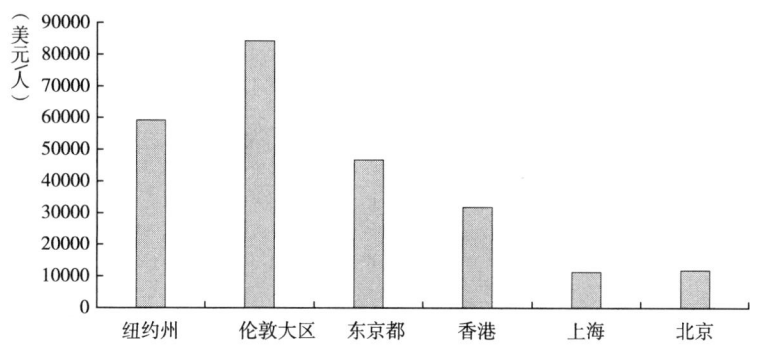

图3-1 2012年世界城市及都市圈人均GDP比较

其次，作为城市硬实力重要支撑的产业基础有待进一步增强。北京的失业率较低，但产业结构指数（0.8）低于上海（0.84），说明产业结构仍有调整和升级的空间。在我国经济转型升级的宏观背景下，北京产业结构正在不断调整和优化，正在经历从低附加值产业向高附加值产业升级，从高能耗、高污染产业向节能环保产业升级，从粗放型产业向集约型产业升级的产业创新、替代以及融合的过程，正在构建符合自身发展阶段和资源禀赋的现代产业体系。从现实情况来看，北京城市功能疏解与产业外迁的效果尚不明显，需要在城市功能疏解和产业转移、技术扩散过程中，与周边城市形成错位竞争、优势互补的产业分工格局。

最后，北京的财政支出规模、世界500强企业数量具有明显优势，但吸引外资（FDI）总额以及地均GDP指标较低，反映了北京城市投入效益与集聚效益尚不理想。财政支出反映了政府对城市的支持和投入，从一个侧面体现城市经济的硬实力，数据显示，北京的财政支出大于香港和伦敦大区（见图3-2）。北京世界500强企业总部数量在与其他世界城市的比较中名列前茅，但大多是中资央企，对外资企业的吸引力较弱（见图3-3）。香港公平的市场竞争环境，自由但不失法制的社会制度使其在吸引外资方面独占鳌头，其FDI总额比其他5个世界城市的总和还要多，虽然世界500强企业总部只有4个，但实际利用外资的情况却远远好于北京（见图3-4）。香港FDI总额是北京的12倍，纽约州FDI总额是北京的10倍，说明北京对外资的吸引和集聚能力还存在较大差距。地均GDP也可以反映一个城市经济的集聚程度。北京的地均GDP在6个世界城市及都市圈中最低（见图3-5），反映北京的集聚经济效益不理想。

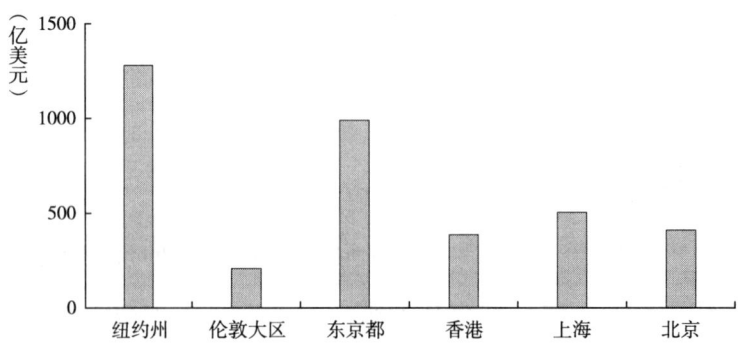

图3-2　2012年世界城市及都市圈财政支出比较

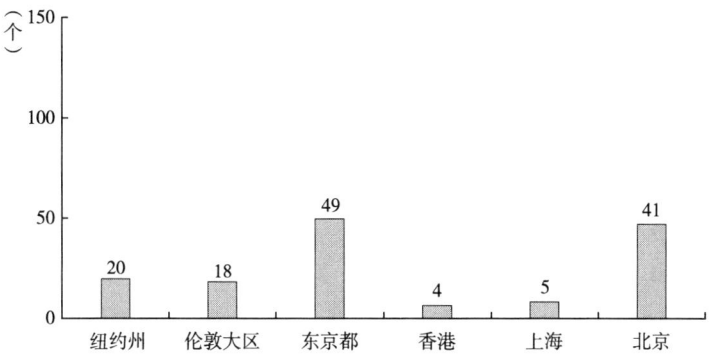

图 3-3 2012 年全球 500 强企业总部数比较

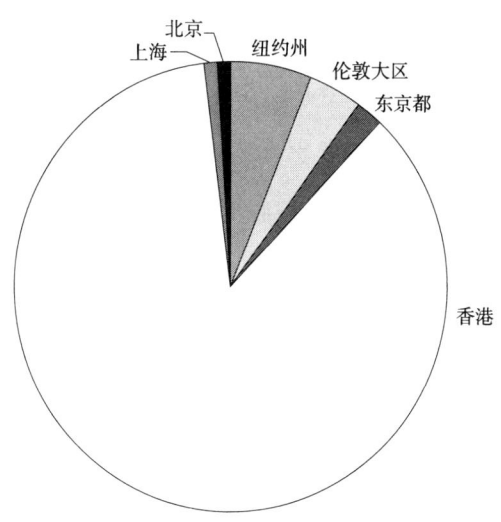

图 3-4 2012 年外商直接投资总额比较

（二）城市软实力——研发占比名列前茅，城市软环境有待改善

世界城市综合要素与功能具有高度的国际关联性，它们在政治、科技、教育、文化等许多方面表现出强大的城市软实力特征。它们不仅

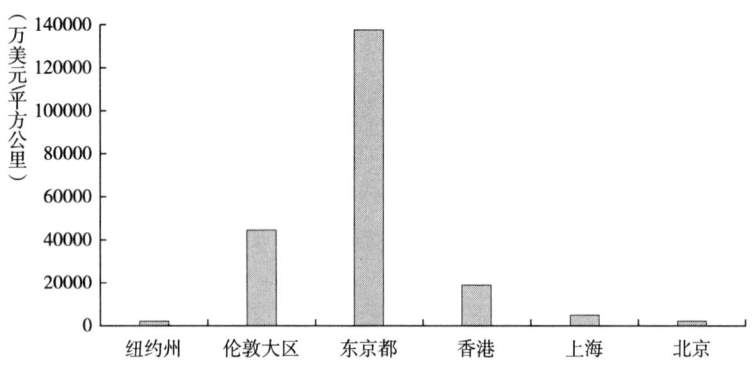

图 3-5　2012 年世界城市及都市圈地均 GDP 比较

是国际政治资源配置中心、国际商贸中心、国际交通中心，同时也是世界知识创新中心、科技创新中心、文化交流中心、信息制造与传播中心。本书从研发支出占 GDP 的比重、专利申请指数、公共制度指数和人文发展指数四个方面来比较和反映城市软实力（见表3-7）。

表 3-7　2012 年城市及都市圈软实力评价

单位:%

指标体系	纽约州	伦敦大区	东京都	香港	上海	北京
研发支出占 GDP 的比重	2.820	1.880	3.440	0.810	3.37	5.95
专利申请指数	0.110	0.184	0.164	0.056	0.068	0.055
公共制度指数	0.895	0.859	0.813	0.991	0.565	0.565
人文发展指数	0.910	0.863	0.901	0.898	0.687	0.687

数据来源同表 3-1。

北京研发支出占 GDP 的比重在 6 个世界城市及都市圈中名列前茅，但专利申请指数却最低（见图 3-6 和图 3-7），这一方面反映了近年来北京实施科技、文化"双轮"驱动战略对提升北京城市软实力和增强发展动力产生了重要而深远的影响；另一方面反映

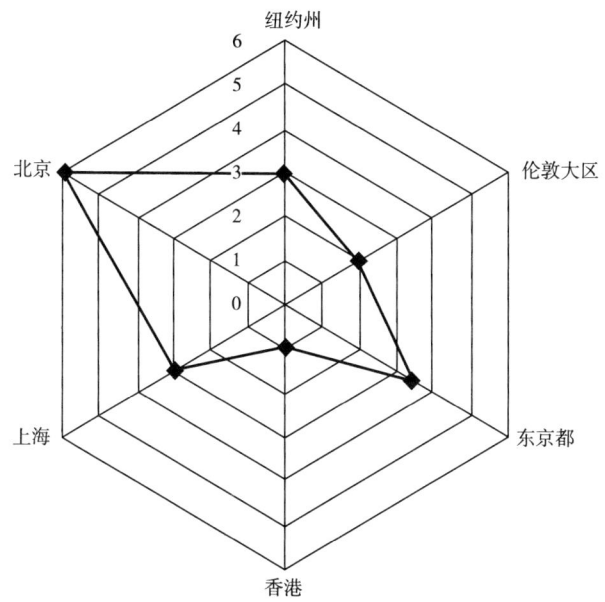

图3-6 2012年研发支出占GDP的比重

了北京的高科技研发投入与科技创新产出还很不成比例,科技创新的潜能远未充分释放。

北京的公共制度指数与成熟的世界城市(都市圈)相比还有较大差距(见图3-7),反映了目前政府行政效率不高,现代市场经济不可或缺的法制基础还有待进一步完善。公共制度指数是反映城市软环境的重要指标,是影响科技文化创新氛围和社会活力的重要因素。在制度环境方面,北京的研发经费较多集中于大型企业、国有企业和科研院所,而作为创新主体的众多中小企业、民营科技企业,获得的创新金融激励不够、政策环境还不够宽松,经济社会公共制度急需改革和创新。

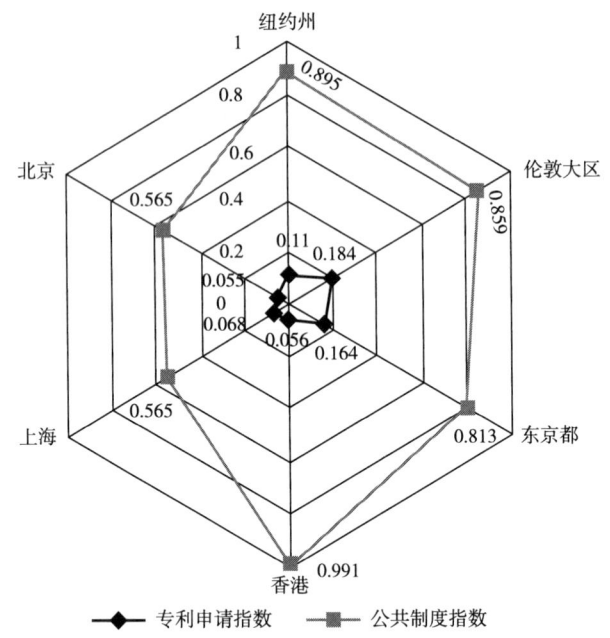

图 3-7 2012 年各城市及都市圈专利申请指数与公共制度指数

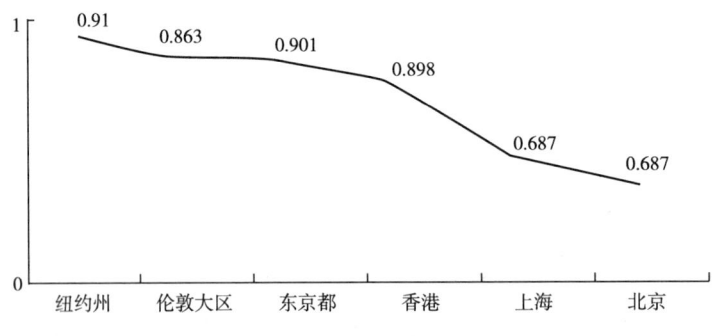

图 3-8 2012 年人文发展指数

北京的人文发展程度在全国领先,但与纽约州、伦敦大区、东京都相比较还有较大差距(见图 3-8)。人文发展指数是反映一个城市繁荣、开放、多元、包容的指数。发展世界城市是物质文明与精神文明的高度统一。世界城市需要具有高度发达的文化创意产业和完善的社会服务功能，人文发展与文化创意是城市软实力在精神层面的体现。北京目前尚缺乏像CNN、BBC、新闻集团一样拥有国际强势话语权的一流媒体，这与北京国际传播和交流中心的世界城市功能定位不相符。人文发展要求政府拥有较高的办事效率，居民的意愿能通过正常渠道表达，参与区域治理程度更加广泛和多元化，形成完善的监督机制。诚信环境、公众素质、文明程度、社会风尚等是一个世界城市的品质，也是保障其竞争力持续提高的控制手段，是世界城市未来持续发展的永恒主题。北京的城市文化和首都精神是爱国、创新、包容、厚德。这一北京精神的秉承和发扬，可望提高北京市民的文明素质，使北京拥有充满都市活力、人文气息的公共空间。

（三）城市影响力——外贸进出口、航空客运、大型国际会议有明显优势，但全球联系指数较低

北京的国际贸易规模、航空客运规模、国际大型会展场次等居世界前列。表3-8显示，北京国际贸易规模较大，仅次于香港，远高于其他几个世界城市。北京的航空港客运量达到了世界较高水平。随着科学技术水平的不断提高，地理效用在不断递减，国际化交通枢纽进入航空时代。北京大兴国际枢纽机场的建设，必将大大提升北京航空港客货运能力和国际辐射力、国际影响力。北京在召开国际大型会议、举办会展方面居于世界前列（见表3-8）。

表3-8 2012年城市及都市圈国际化程度评价

指标体系	纽约州	伦敦大区	东京都	香港	上海	北京
金融中心指数	770	772	694	760	694	653
外贸进出口总额（亿美元）	828.94	1509.42	2645.23	8226.20	2068.07	4081.07
航空港客运量（万人次）（2011年）	4768.35	6943.36	6226.30	5331.42	4145.02	7740.37
航空港货物吞吐量（万吨）（2011年）	2199.32	1569.45	1945.11	3698.40	3103.03	1668.75
入境旅游人数（万人次）	444.340	1528.90	207.851	2231.6	851.120	500.900
举办大型国际会议数量（次）	32	115	50	77	72	111
常住人口外国人占比（％）	4.120	21.800	3.110	7.000	0.391	0.561
全球联系指数	0.8	0.871	0.582	0.483	0.449	0.457

资料来源同表3-1。

反映城市国际影响力的一个重要指标是国际金融中心指数。北京的国际金融中心指数在6个世界城市及都市圈中较低（见图3-9），而且金融影响力主要局限在国内，导致城市国际影响力在6个世界城市及都市圈中排名第5，金融对世界经济的影响力还很不足，无法撼动伦敦大区、纽约州的世界霸主地位和香港的亚洲霸主地位。随着我国金融体制改革的深化以及人民币利率市场化、汇率国际化进程的不断推进，北京的金融国际影响力必将极大提升。

北京的常住人口中外国人占比较低，全球联系指数不高，反映了北京对外国人的吸引力不够，这与北京的收入水平、生态宜居环境、文化包容度、社会开放度有关。全球联系指数可以很好地反映一个世界城市接受国际市场供求关系调节的能力，反映这个城市能够根据国际市场的需求变化来安排生产和经营，从而成为连接国内外经济的桥梁和枢

第三章 实证分析

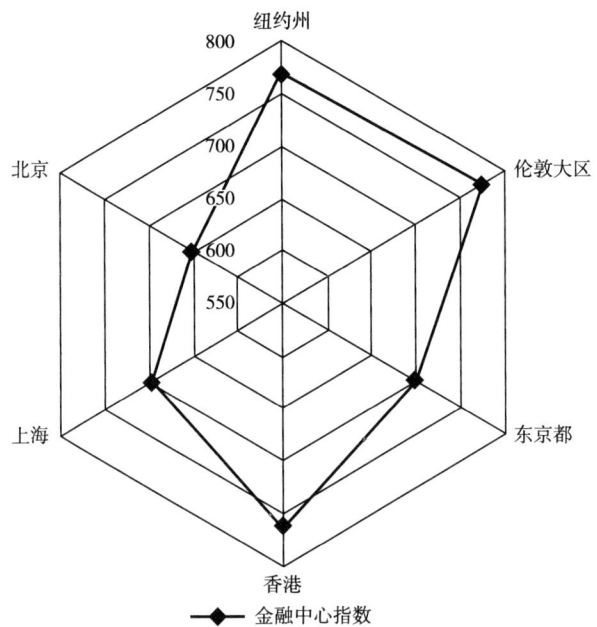

图 3-9 2012 年世界金融中心地位比较

纽。北京的全球联系指数排名第 5，仅为 0.457[①]（图 3-10），显示出北京辐射世界、服务全球的能力还不够强。

（四）城市承载力——城市吸纳力强而承载力弱，资源环境处于超载状态，提升空间有限

北京城市资源环境承载力在 6 个世界城市及都市圈中排名靠前（见表 3-9）。从北京自身条件来看，2008 年奥运会后，北京开始进入后奥运时代，吸纳能力明显增强，人流、物流、资金流纷纷汇

[①] 本章所涉及的指数来自国家统计局；倪鹏飞、〔美〕彼得·卡尔·克拉索主编《全球城市竞争力报告（2011~2012）》，社会科学文献出版社，2012。

北京建设世界城市与京津冀一体化发展

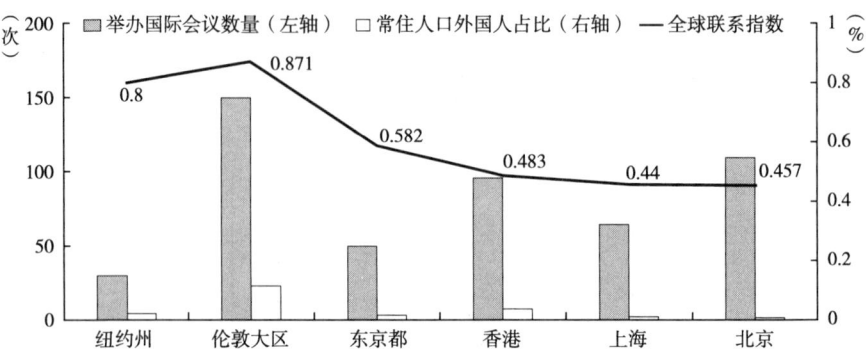

图 3-10 2012 年国际会议数量、外国人占比及全球联系指数

聚北京。但相比强大的吸纳能力,北京的承载能力较为脆弱。根据《京津冀发展报告(2013)——承载力测度与对策》[①] 的研究结果,目前淡水资源已成为京津冀区域承载力的首要短板,北京的供水安全已受到严重威胁。如果北京人口持续膨胀,南水北调的水量将会被快速增长的人口所吞噬。土地资源紧缺正在成为制约北京发展的关键因素,北京市人均用地面积已由 1999 年的 1305 平方米/人缩减到 2011 年的 813 平方米/人,人均建设用地面积由 1999 年的 211 平方米/人缩减到 2011 年的 167 平方米/人,反映出北京的土地资源人口承载压力不断加大(见图 3-11)。北京交通基础设施承载力严重超负荷,尽管近年来北京交通基础设施投入很大,北京的轨道交通里程长于伦敦大区、香港和上海(见图 3-12),但由于中心城区人口密度大、城市功能过于集中、职住分离、潮汐交通流明显,北京交通承

---

① 文魁、祝尔娟等:《京津冀发展报告(2013)——承载力测度与对策》,社会科学文献出版社,2013。

载压力过大，公交系统交通承载饱和。北京排水设施存在隐患，城市防洪减灾任务艰巨。北京的基础设施指数在6个世界城市（都市圈）中最低，与纽约州、伦敦大区、东京相比还有很大差距。

表3-9 2012年城市及都市圈资源环境承载力评价

指标体系	纽约州	伦敦大区	东京都	香港	上海	北京
人口密度（人/平方千米）	2825	4758	16686	6786.56	3754	1261
轨道交通里程（千米）	1525.66	408.00	2305	87.80	457	1115.10
每十万人拥有医生数（人）	396	274	304	180	230	524
单位GDP能源消耗（万焦耳/美元）	249.660	416.100	183.864	113.000	1162.01	949.848
空气中总悬浮颗粒物（微克/立方米）	1.000	0.670	21	71.000	79.000	121.000
城市基础设施指数	0.394	0.517	0.378	0.353	0.347	0.271

资料来源同表3-1。

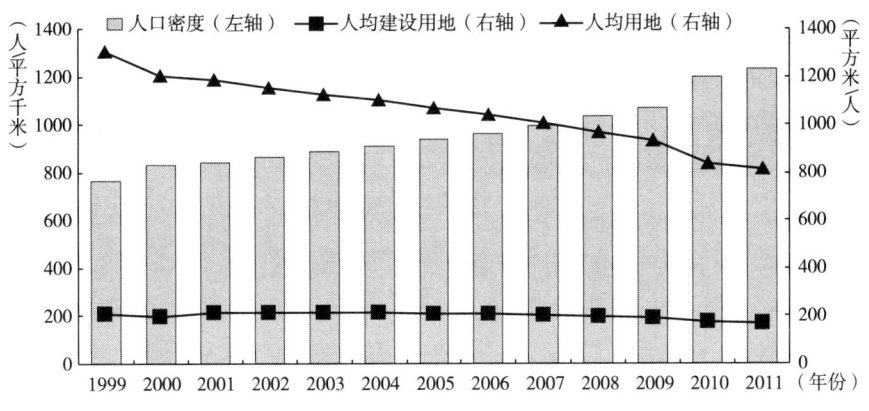

图3-11 2012年北京市土地资源人口承载时间变化

北京的社会公共服务水平全国领先，但社会公共服务设施超负荷。如北京每十万人拥有的医生数最高，但由于中国整体医疗资源配置不均衡，全国的老百姓扎堆在北京就医，北京仍然存在"看病

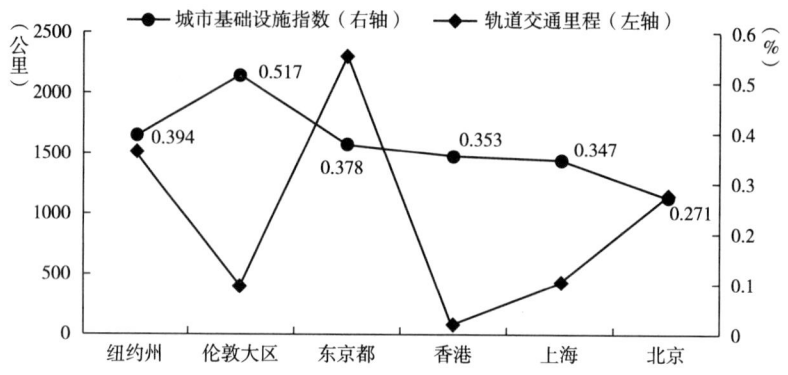

图 3-12　2012 年基础设施指数与轨道交通里程

难"问题，社会承载力超负荷（见图 3-13）。在生态方面，世界城市要求——低碳、绿色、宜居，生态环境良好、森林覆盖率较高、公园面积比例较高、"三废"得到较好处理，空气清新、河流清澈、绿地充足，是人与生物共栖的绿色家园，是代表民族文化和都市文明的观光胜地。北京目前离这一目标还有较大差距。2013 年初，全国大范围频现雾霾天气，特别是京津冀地区的空气污染最为严重。北京的单位 GDP 能耗和空气中总悬浮颗粒物在 6 个世界城市（都市圈）中最高（见图 3-14），经济可持续发展面临巨大威胁。

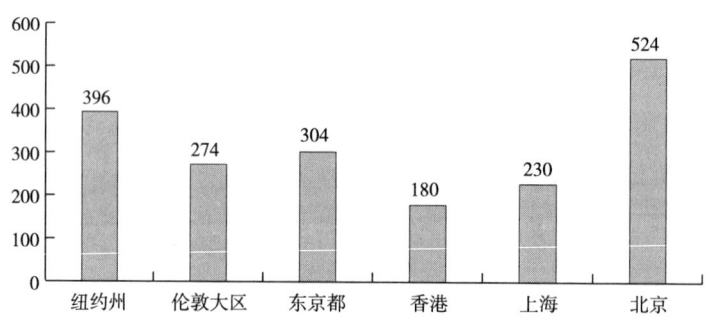

图 3-13　2012 年世界城市每十万人拥有医生数

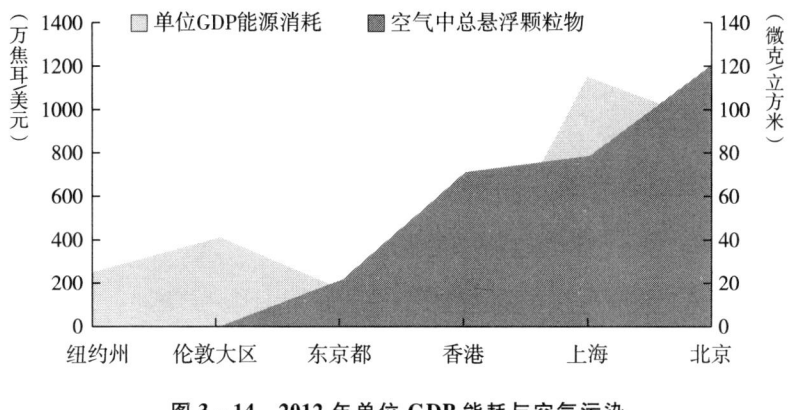

图 3-14　2012 年单位 GDP 能耗与空气污染

第二节　首都圈基础的发展评估

前文重点对北京的国际化进程及程度进行测度，本部分重点从资源禀赋、经济实力、产业基础、城镇体系和经济联系度五个方面对北京建设世界城市所依托的京津冀都市圈基础进行综合分析，与长三角、珠三角以及世界级都市圈进行比较，研究现状和趋势，找到差距和问题，为探寻北京依托京津冀都市圈建设的有效路径提供思路和依据。

一　资源禀赋——优势明显，压力增大

京津冀都市圈在区位、人力、技术和资源方面具有天然互补优势，是我国最重要的政治、经济、文化与科技中心，也是国家自主创新战略的重要承载地。京津冀都市圈因其核心城市之一是首都北

京，因而具有其他城市群所不具有的首都优势，是国家政治中心、信息中心、国际交流中心，拥有总部经济优势、全国市场优势，以及全国科技教育最发达、智力资源最密集等优势，在我国区域发展中具有极其重要的战略地位。

（一）区位优势独特，拥有丰富的自然资源

在世界经济版图中，京津冀都市圈地处东北亚核心区域和环渤海城市群的核心地区，既辐射东北亚，又连接欧亚大陆桥；既辐射西北、华北，又连接辽东半岛和山东半岛，腹地广阔，是中国北方的经济重心和引擎地区。京津冀地区拥有丰富的自然资源，铁矿、黄金等资源在全国占有一定的优势，拥有丰富的油气资源和海盐资源。天津滨海新区及河北曹妃甸还有大量可供开发的盐碱荒滩，拥有较大的发展空间；河北省在土地资源、海岸线、劳动力资源、生态旅游资源等方面有明显的优势，是全国重要的粮、棉、油、蔬、果、畜、禽、鱼等生产基地。

（二）海陆空立体交通体系便捷发达

区域内35条高速公路、280多条国省干线以及城际高铁网络相连，基本形成了覆盖京津冀1小时的都市交通圈。区域内拥有全国排名第三、世界排名第四的综合性大港——天津港，在640千米的海岸线上，分布着包括天津港、秦皇岛港、京唐港、曹妃甸港和黄骅港等在内的港口群。首都国际机场2012年客运量已突破8000万人次，连续三年稳居世界第二；随着首都第二国际枢纽机场的建成

及运营，预计到 2040 年北京的大型国际枢纽机场的年客运量将居世界第一。北京市轨道交通运营总里程及线路也是全国领先，是国内地铁运营里程最长的城市。表 3-10 是 2006~2011 年北京公路、城市道路及桥梁建设情况。

表 3-10 北京公路、城市道路及桥梁建设（2006~2011 年）

年份	境内公路、道路总里程（千米）	公路里程（千米）	高速公路	城市道路里程（千米）	快速路	主干路	城市道路面积（万平方米）	城市道路桥梁（座）	立交桥
2006	25377	20503	625	4419	232	955	7258	1079	376
2007	25765	20754	628	4460	236	960	7632	1230	377
2008	26921	20340	777	6186	242	755	8941	1738	381
2009	27436	20755	884	6247	242	805	9179	1765	393
2010	27907	21114	903	6355	263	874	9395	1855	411
2011	28446	21347	912	6258	263	861	9164	1885	418

资料来源：《北京统计年鉴》（2007~2012）；《中国统计年鉴》（2007~2012）。

（三）科技教育最为发达，高端人才最为密集

北京在教育水平、教育经费投入和科研投入三个方面具有绝对优势；天津的教育科技水平也处于全国前列。京津冀是中国科技和智力最密集的地区，是科技人才荟萃之地。

（四）总部经济聚集效应明显，是全国金融总部、央企总部及跨国公司总部聚集地

北京集聚了"一行三会"——中国人民银行、中国银监会、中国保监会、中国证监会，也是我国四大商业银行总部所在地。总部

首选位置是北京。就总部基地来说，跨国公司在北京设立投资性公司居全国之首，约占跨国公司在全国设立投资性公司总数的60%，多是全球500强企业所设，主要承担其在华或亚太地区总部的职能。北京实际上控制了中国经济总量的半壁江山，全国500强企业有160多家总部在北京。其中，前100强中有将近80家总部在北京。

（五）资源环境承载压力巨大，水资源和大气污染是突出"短板"

随着京津冀城市群进入高速发展阶段，资源环境的承载压力越来越大。京津冀城市群人口稠密，尤其是大量流动人口涌入北京、天津两个超大城市，使水资源短缺形势日趋严峻，土地资源超载严重。除资源制约外，近年来严重的大气污染已在威胁着人们的生命健康，成为制约区域可持续发展的又一突出"短板"。

二 经济实力——中国第三大经济引擎，但总体实力仍有待提升

（一）中国的第三大经济引擎，技术研发优势显著

京津冀都市圈作为中国第三大经济引擎，正在成为未来中国经济格局中最具活力的核心地区和引擎地区。2011年京津冀都市圈土地面积占全国的1.9%，人口约占全国的8%，GDP占全国的10.03%（2012年为11.04%），财政税收收入占全国的5.80%，工业

企业的研发机构经费支出占全国的 7.04%，全社会固定资产投资占全国的 8.25%，国内发明专利授权数占全国的 17.69%，实际利用外资额占全国的 21.71%，技术市场成交额更是占到全国的 43.78%（见表 3-11）。以上数据表明，京津冀都市圈作为中国第三大经济引擎，特别是在科技创新、技术研发等智力资源方面具有显著优势。京津冀都市圈的经济密度和人口密度都高于全国平均水平，客观上成为推动我国经济发展的主引擎之一，在全国生产力布局中起着战略支撑点、增长极点和核心节点的作用，发挥着生产要素、商品贸易的集聚和扩散功能，对中国经济的发展起到示范和带动作用。

表 3-11　2011 年京津冀都市圈经济实力占全国比重情况

单位：%

项　目	GDP占全国比重	人均GDP	财政税收收入	工业企业的研发机构经费支出	全社会固定资产投资	国内发明专利授权数	实际利用外资额	技术市场成交额
占全国比重	10.03	1.39	5.80	7.04	8.25	17.69	21.71	43.78

资料来源：《中国统计年鉴2012》《北京统计年鉴2012》《天津统计年鉴2012》《河北统计年鉴2012》。

（二）与世界级大都市圈比较——具有总量优势，但人均水平不足

京津冀都市圈在人口、土地面积、财政支出、外贸进出口总额、轨道交通里程、入境旅游人数等总量指标方面，都具有规模优势（见表 3-12），但人均指标远低于其他世界级都市圈的水平。例如，京津冀都市圈人均 GDP 只有国外著名都市圈的 10% 左右；

人均轨道里程和轨道交通密度排在最后一位，与世界级都市圈之间存在明显差距（见表3-13）。

表3-12 与世界级都市圈总量经济指标比较（2012年）

都市圈	人口（万人）	土地面积（平方千米）	轨道交通里程（千米）	财政支出（亿美元）	入境旅游人数（万人次）	外贸进出口总额（亿美元）
纽约州	1919.00	128401.00	1525.66	1285.66	444.34	828.94
伦敦大区	751.24	1579.00	408.00	214.10	1528.90	1509.42
东京都	3400.00	13400.00	2305.00	995.71	207.85	2645.23
京津冀	10800.00	217600.00	3136.00	1216.71	2181.09	4257.92

注：此表统计的数据为2010年数据，表中人民币换算美元以2010年人民币兑美元的平均汇率6.7695为准。京津冀为京津冀三地行政全域。

表3-13 与世界级都市圈人均经济指标比较（2012年）

都市圈	人均GDP（美元）	人均轨道里程数（千米/万人）	轨道交通密度（千米/平方千米）
纽约州	59490.00	0.80	0.01
伦敦大区	84572.00	0.54	0.26
东京都	46753.55	0.68	0.17
京津冀	6463.18	0.30	0.01

注：此表统计的数据为2010年数据，表中人民币换算美元以2010年人民币兑美元的平均汇率6.7695为准。京津冀为京津冀三地行政全域。

（三）与长三角、珠三角比较——总体实力不强且区域内发展差距较大

表3-14显示，2012年国内三大都市圈GDP占全国的比重为42.99%，其中，长三角为20.96%、京津冀为11.04%、珠三角为10.99%。长三角经济发展水平最高，不仅表现在GDP上，而且在人均GDP、社会消费品零售总额、全社会固定资产投资总额指标上均

远高于其他两大都市圈。京津冀与珠三角相比,在 GDP 总量、社会消费品零售总额、全社会固定资产投资总额指标上均有优势,而人均 GDP 低于珠三角,其主要原因是河北省的人均 GDP 远低于京津两市,也低于全国平均水平。2012 年天津人均 GDP 为 91180.55 元,北京为 87474.00 元,河北为 36940.52 元,天津与北京人均 GDP 分别为河北的 2.47 倍和 2.37 倍,河北人均 GDP 低,从而拉低了整个区域的人均 GDP 水平。

与长三角、珠三角相比,京津冀都市圈的经济外向度偏低。2012 年京津冀城市群出口总额占 GDP 的比重为 15.12%(其中天津市最高为 23.68%,河北省最低为 7.02%),远远低于长三角和珠三角 60.44% 和 63.37% 的水平。在实际利用外资方面,京津冀城市群略高于珠三角,远低于长三角,只相当于长三角的 36.95%。

表 3-14 三大都市圈经济发展水平比较(2012 年)

地区	GDP 总量（亿元）	GDP 占全国比重（%）	人均 GDP（元）	社会消费品零售总额 总量（亿元）	社会消费品零售总额 占全国比重（%）	全社会固定资产投资总额 总量（亿元）	全社会固定资产投资总额 占全国比重（%）
京津冀	57309.59	11.04	59833.30	20878.23	9.93	30898.06	8.25
北京	17879.40	3.44	87474.00	7702.80	3.66	6462.80	1.72
天津	12855.18	2.48	91180.55	3921.43	18.65	8871.31	2.37
河北	26575.01	5.12	36940.52	9254.00	4.40	15563.95	4.15
长三角	108843.80	20.96	76942.24	39297.35	18.67	54437.41	14.53
珠三角	57067.92	10.99	66082.27	16522.69	7.86	19307.53	5.15

资料来源:2013 年北京市、河北省、上海市、江苏省、浙江省、广东省统计年鉴。天津市相关数据来源于国家统计局网站及相关网络新闻。

三 产业基础——重化工业基础雄厚，新兴产业和高端服务优势明显

(一) 京津冀重化工业在全国具有举足轻重的地位，尤其是有本土资源优势的重化工业优势明显

我们曾对京津冀重化工业的结构以及增长态势做过研究，在京津冀地区重化工业的结构中，装备制造工业和冶金工业比重最大，能源工业和化学工业次之，而建材工业比重相对较小。2008年装备制造业产值占全国同行业比重的8.49%，能源工业为10.51%，冶金工业为17.20%（见表3-15）。铁矿石的开采量、粗钢的生产量连续数年居全国首位。具有本土资源优势的重化工业优势明显。2008年，石油和天然气开采业占全国同行业比重的13.10%；黑色金属矿采选业占全国同业产值的近1/3；黑色金属冶炼及压延加工业在全国也占较大比重。

表3-15 京津冀主要重化工业产值及全国占比

单位：亿元，%

	2000年			2004年			2008年		
	全国	京津冀	占比	全国	京津冀	占比	全国	京津冀	占比
能源工业	9018.31	750.92	8.32	23385.99	2435.25	10.41	55139.02	5797.54	10.51
冶金工业	7483.35	1095.66	14.64	24462.64	4452.73	18.20	72165.19	12411.03	17.20
装备制造业	26396.34	2973.54	11.26	68230.51	6637.28	9.73	166949.90	14169.59	8.49

资料来源：作者根据2001~2009年北京市、天津市、河北省统计年鉴计算得出。参见祝尔娟、王天伟、陈安国等《京津冀产业发展升级研究——重化工业和战略性新兴产业现状、趋势与升级》，中国经济出版社，2011。

(二) 京津冀重化工业发展规模总体呈现快速增长态势

2000~2008年京津冀重化工业总体呈现稳步增长趋势，其主要重化工业（能源、冶金、装备制造、化学、建材生产等）生产总值呈现明显增长态势（见图3-15和图3-16），其中能源工业生产总值占全国同行业的比重由2000年的8.32%增长为2008年的10.51%；冶金工业也表现出强劲的增长势头，其生产总值占全国同行业的比重从2000年的14.64%上升到2008年的17.20%（见表3-15）。

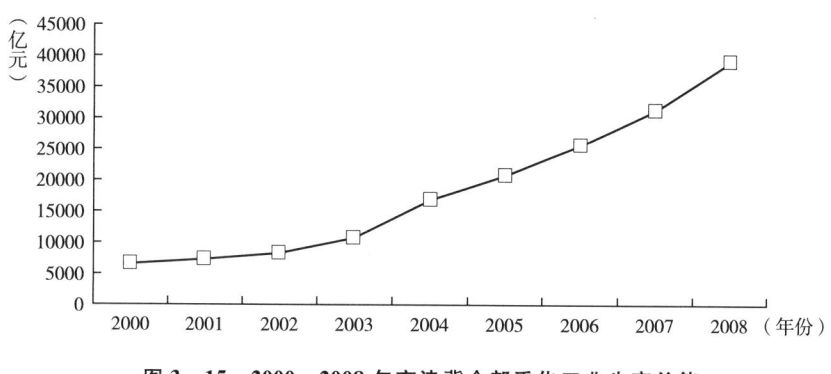

图3-15 2000~2008年京津冀全部重化工业生产总值

(三) 产业升级步伐加快，战略性新兴产业快速成长

随着产业结构的调整和优化，京津冀地区以其教育、科技等优势资源带动了高科技产业的发展，电子信息、生物制药、新材料等高新技术产业已成为京津冀地区新的主导产业。北京的高技术产业、研发创新与科技服务居全国前列。"十一五"以来，国家有

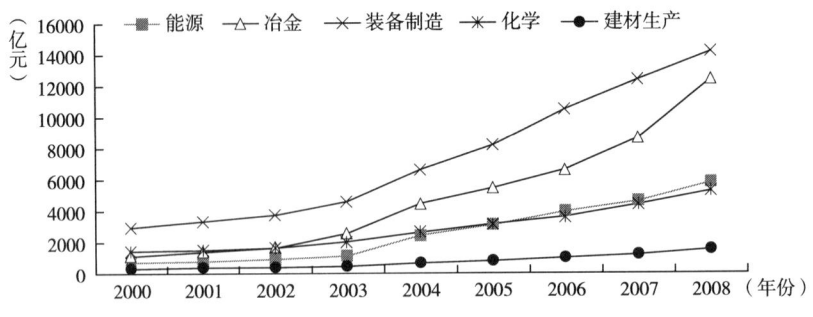

图3-16 2000~2008年京津冀主要重化工业生产总值的增长

44%的重大新药创新平台落户北京。中关村围绕战略性新兴产业陆续成立了云计算、智能电网和动力电池等产业联盟,物联网、低碳经济、移动互联网、生物医药等新兴产业也成立了战略联盟,推动了北京以信息、生物、节能环保、新能源等新兴产业为支撑的高技术产业的稳定增长。天津的绿色能源产业全国领先,环保科技产业已成规模。在新能源产业领域,天津的产品覆盖锂离子、镍氢、太阳能等绿色电池、电池材料、电池生产设备等方面,是国家重要的绿色能源生产基地、国内最大的风力发电设备生产基地(风电设备和锂离子电池产能均约占全国的1/3),成为我国最大的风电及绿色储能产业聚集区。河北的现代医药产业在我国具有重要地位,新能源汽车及新能源产业居全国前列。石家庄市生物医药产业已经形成了化学原料药生产规模突出、现代中药特色鲜明、生物制药稳步发展的医药产业发展格局,聚集了华药集团、石药集团、以岭药业等一大批生物医药企业。唐山在新能源汽车产业方面走在全国前列。

（四）高端服务优势明显，尤其是北京科技研发、文化创意、金融服务全国领先

北京研发产业各项指标在全国均居领先地位。区位商平均达4.6，在全国位居第一。北京市研发产业产值规模全国最大，技术市场交易量也最大，占全国的40%以上；北京向全国其他省市的技术输出远远多于技术吸纳。北京研发产业一直在高速增长，2006~2010年研发产业产值年均增长速度高达39.8%，研发产业对GDP的贡献率平均为8.7%，对税收贡献率平均为11.6%，对就业贡献率平均为18.1%，已经成为北京未来的支柱产业。表3-16是2006~2010年北京研发产业量化指标。

表3-16　2006~2010年北京研发产业量化指标

单位：%

年　份	区位商	产值增长速度	税收弹性	就业弹性	GDP贡献率	税收贡献率	就业贡献率
2006	4.35	27.31	2.44	2.52	7.94	14.41	19.50
2007	4.44	50.90	1.35	0.26	7.38	2.50	6.72
2008	5.00	87.62	7.18	1.31	11.08	14.66	12.94
2009	—	19.04	3.72	2.53	10.62	19.26	46.43
2010	—	14.51	1.02	0.25	6.33	7.12	5.11

资料来源：作者计算得出。

金融服务业在北京有着独特而显著的优势，北京金融服务业区位商除2006年为1.03以外，其他年份均高于2.5，其竞争优势非常明显。金融业产值年均增长速度达20.4%，对北京的GDP、税收、就业贡献很大。

北京市的文化创意产业发展位居全国前列。北京地区图书出版单位占全国的41%，报纸期刊单位占全国的30%，音像出版单位占全国的43%。北京在广播影视方面居全国城市之首；生产制作的电影占全国的一半；数字电影后期制作能力占全国的2/3。北京已成为全球最大的中国文物艺术品交易中心。2011年，北京文物艺术品交易总量超过了500亿元，约占全国的80%。2011年，北京市文化创意产业总收入超过了9000亿元，增加值达到1938.6亿元。2005年以来增加值呈现逐年递增的趋势，年平均增长率达到了19%，远远高于地区生产总值的增长速度。文化创意产业增加值占地区生产总值的比重从2005年的9.7%提高到了2011年的12.12%，其对国民生产总值的贡献已经超过金融业，成为北京市的支柱产业（见表3-17）。

表3-17　2005~2011年北京市文化创意产业发展基本情况

单位：亿元,%

年份 指标	2005	2006	2007	2008	2009	2010	2011
地区生产总值	6969.5	8117.8	9846.8	11115.0	12153.0	14113.6	16000.4
文化创意产业增加值	674.1	823.2	1008.3	1346.4	1489.9	1697.7	1938.6
文化创意产业增加值占地区生产总值的比重	9.7	10.14	10.24	12.11	12.26	12.03	12.12
文化创意产业增加值的增速	0.18	0.22	0.22	0.34	0.11	0.14	0.14

资料来源：《北京市统计年鉴》(2006-2012)。

（五）京津冀区域各具特色的产业分工格局正在形成

从区位商来看，北京优势产业主要集中在第三产业，而天津的优势产业是第二产业，河北的优势产业是资源密集型的第二产业和第一产业。北京第三产业区位商为1.74，第三产业中除交通运输、仓储和邮政业等传统服务业区位商小于1之外，第三产业各行业区位商均大于1，优势明显。其中，信息服务、商务服务、科研、文化、金融等辐射功能较强的现代服务业的区位商较高。而北京第二产业的区位商均小于1。天津第二产业具有明显优势，其区位商为1.15；第三产业区位商只是略大于1，其中优势比较明显的服务业为交通运输、仓储和邮政业，批发与零售业，金融业。河北最具优势的产业是第一产业，区位商为1.24；第二产业具有明显的比较优势，区位商为1.12；而第三产业的区位商都小于1（见表3-18）。

表3-18 2009年京津冀三地三次产业及第三产业中主要产业的区位商

地区	第一产业	第二产业	工业	建筑业	第三产业	交通运输、仓储和邮政业	批发与零售业	住宿和餐饮业	金融业	房地产业	其他
北京	0.09	0.51	0.48	0.69	1.74	0.91	1.47	1.03	2.53	1.60	2.01
天津	0.17	1.15	1.21	0.74	1.04	1.25	1.31	0.84	1.18	0.75	0.93
河北	1.24	1.12	1.17	0.86	0.81	—	—	—	—	—	—

资料来源：作者根据《北京统计年鉴2010》《天津统计年鉴2010》《河北经济统计年鉴2010》计算得来。

从产业未来发展重点来看，京津冀已经呈现出明显的产业分工格局。根据资源条件和城市功能定位的要求，北京将以发展第三产业，特别是生产性服务业和文化创意产业为重点，重在提升服务业的整体发展水平，第二产业则将继续走高端化发展道路。北京未来最具活力的产业将是总部经济、高新技术产业、金融管理及中介服务、文化创意产业和现代物流业。天津则以发展重化工业、高新技术产业和现代物流业为重点，未来最具活力的产业将是汽车工业、电子工业、石化工业、航空航天业、现代造船业、现代制药业和仓储物流业。河北提出要重点发展"十大支柱产业"，未来最具活力的产业是钢铁工业、医药工业、石油化工、装备制造、建材工业以及纺织工业等。

（六）在区域竞合中产业正在向优势区域集聚，产业的空间布局正在优化整合

根据市场份额变化来看，石油和天然气开采业向天津集中；黑色金属矿采选业和黑色金属冶炼及压延加工业向河北转移；金属制品业、电气机械及器材制造业由天津向河北转移；通信设备、计算机及其他电子设备制造业由天津向北京转移；交通运输设备制造业由北京向天津转移；河北的化学工业及建材工业市场份额最高且比较稳定。

从产业的空间布局来看，重化工业正在向滨海集聚并逐步形成滨海临港重化工产业带（见图3-17）；高新技术产业在向京津集聚并形成京津塘高新技术产业带（见图3-18）；现代制造业向"京保石"集聚并正在形成现代制造产业带（见图3-19）。

第三章 实证分析

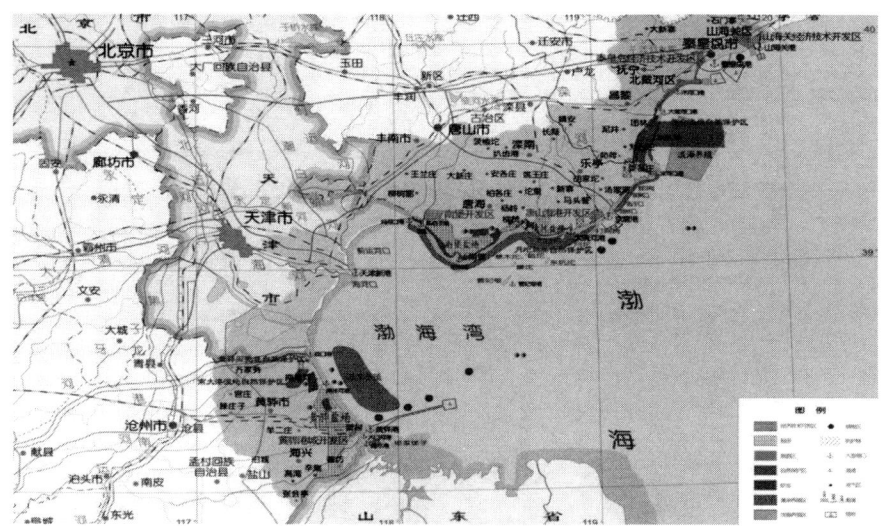

图 3-17 滨海临港重化工产业带

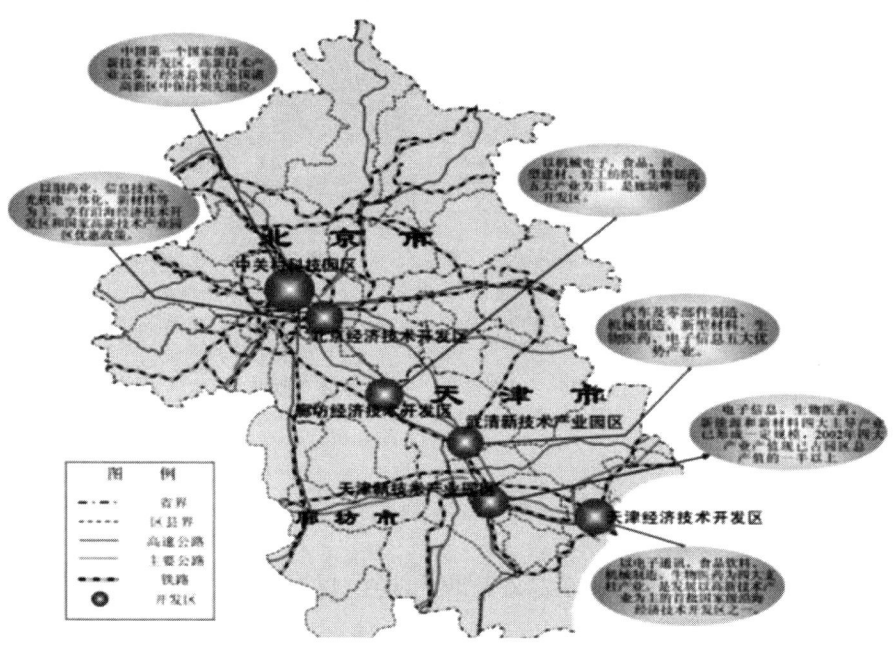

图 3-18 京津塘高科技产业带

123

北京建设世界城市与京津冀一体化发展

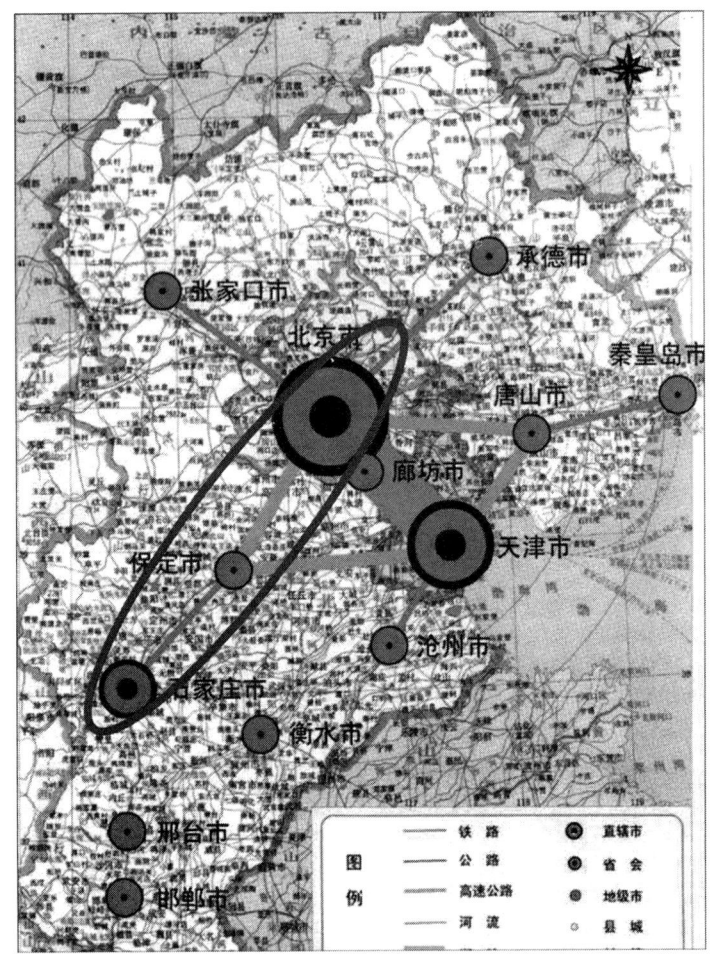

图3-19 "京保石"现代制造产业带

(七) 京津冀产业升级迫在眉睫

京津冀三地的产业在高端程度和现代程度方面呈现明显的梯度差,这为京津冀产业链接与整合提供了条件。京津冀产业发展亟待解决的突出问题是:区域内行政壁垒严重,国有成分比重较高,市场活力不足；区域内产业关联度不强，产业集聚度不够，产业竞争优势不明显；外来的国际资本和大项目的本地根植性不够，对当地经济带动不明显；特别是在后危机时期和低碳经济时代背景下，随着我国劳动力工资、资源价格、环境成本、土地成本的上升，传统低成本比较优势逐渐丧失；西方发达国家的"再工业化"及贸易保护主义重新抬头，以及资源环境矛盾加剧条件下要求降低能耗和排放强度，这些"倒逼"机制都迫使京津冀区域发展模式必须尽快转型，从外延式发展向内涵式发展转变，从要素驱动向创新驱动转变，产业升级和经济转型任务艰巨。

四 城镇体系——"中心-外围"格局显著，区域内不平衡性加剧

（一）城镇体系结构呈"哑铃形"，人口分布结构呈"倒金字塔形"

京津冀城市群共有城市35个，其中中央直辖市2个，地级市11个，县级市22个。城市规模等级的划分由市区常住人口规模决定，如果按照市区人口数在50万以下的为小城市、市区人口数在50万至100万的属于中等城市、市区人口数超过100万的则为特大城市的标准，2011年京津冀城市群35个城市中，100万人口以上的大城市有8个，50万至100万人口的中等城市有3个，50万人口以下的小城市达24个，城市数量呈"哑铃形"（见表3-19）。

2011年京津冀城市群的各等级规模城市人口比例计算结果表明，两个特大城市北京和天津常住人口容纳了整个地区的60.82%，远大于大城市和中等城市容纳的市区人口总和。超大城市人口过于集中，其他等级城市人口规模偏小，人口规模呈"倒金字塔形"（见图3-20）。京津冀城市群不仅人口规模分布差异过大，而且经济实力与经济结构也相差悬殊。这反映了京津冀城市群中心城市集聚力过强而承载力不足，中小城市吸纳能力太弱，但有承载空间，说明京津冀区域城市体系亟待完善，最终会导致该区域发展缺乏支撑力。京津冀都市圈需要从较低规模等级的城市中培育和发展出新的更高等级的城市，以提高城市体系对区域经济的带动作用，促进区域经济的协调发展。

表3-19 2011年京津冀城市群城市等级规模分布

等级规模 （万人）	城市数量		城市名称
	个数（个）	比例（%）	
>100（大城市）	8	22.8	>500万人口的城市有2个（北京、天津）； 200万～500万人口的城市有2个（唐山、石家庄）； 100万～200万人口的城市有4个（邯郸、保定、张家口、秦皇岛）
50～100（中等城市）	3	8.6	邢台、承德、沧州
<50（小城市）	24	68.6	20万～50万人口的城市有8个（廊坊、三河、衡水、任丘、定州、迁安、涿州、泊头）； <20万人口的城市有16个（高碑店、遵化、沙河、黄骅、辛集、河间、冀州、霸州、南宫、深州、武安、安国、鹿泉、晋州、新乐、藁城）

资料来源：《中国城市统计年鉴2012》和《河北省城镇化发展报告（2012）》。

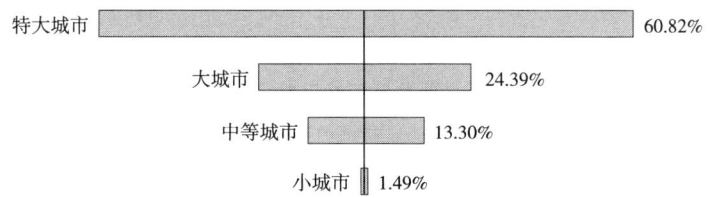

图 3-20　京津冀城市群各等级规模城市的人口比例（2011 年）

（二）区域内经济联系不断增大，城市间差距持续拉大

为了衡量区域间经济联系强度，以反映中心城市对周边地区的辐射能力，以及周边地区对中心城市辐射能力的接受程度，我们以京津冀区域内的北京、天津、唐山、秦皇岛、承德、张家口、廊坊和保定八个主要城市为对象，采用空间引力模型重点测算了 2000 年和 2012 年这八个主要城市之间的经济联系量，分析其经济隶属度。通过测度得到如下结论。2000 年和 2012 年京津冀城市群主要城市的经济联系势能矩阵（见表 3-20 和表 3-21）显示，这些年京津冀城市群内各城市之间的经济联系量几乎都有较大程度的提高。如北京与天津之间的经济联系从 2000 年的 207.74 增长到 2012 年的 1989.46，2012 年是 2000 年的近 10 倍。京津冀城市群区域内各城市之间经济联系势能差距较大。2000 年，北京和廊坊之间的经济联系量最大，为 281.08；而最小的张家口和秦皇岛之间的经济联系量只有 0.36。2012 年，北京和廊坊之间的经济联系量依旧最大，为 2069.63；而张家口和秦皇岛之间的经济联系量只增长到 1.87。这表明京津冀城市群的经济联系量在各城市之间分布很不均衡，而

且随着京津冀城市群的经济发展，城市之间的差距在进一步拉大。

表3-20 2000年京津冀城市群主要城市的经济联系势能

单位：亿元×万人/平方千米

	北京	天津	唐山	秦皇岛	张家口	承德	廊坊	石家庄	邯郸	邢台	保定	沧州
天　津	207.74											
唐　山	48.96	84.44										
秦皇岛	5.40	5.52	10.59									
张家口	21.00	4.89	1.99	0.36								
承　德	13.87	7.77	9.88	1.60	0.77							
廊　坊	281.08	112.70	12.40	1.11	2.21	2.26						
石家庄	27.67	14.46	4.67	0.86	3.73	1.08	4.80					
邯　郸	9.54	6.35	2.35	0.49	1.16	0.50	1.79	30.63				
邢　台	8.74	5.55	1.95	0.39	1.07	0.42	1.62	48.68	154.16			
保　定	85.46	34.54	8.01	1.18	5.75	1.77	15.13	44.37	8.65	9.21		
沧　州	40.05	90.04	12.44	1.46	1.66	1.55	13.10	9.11	4.28	3.78	20.03	
衡　水	13.36	10.54	2.78	0.46	1.03	0.51	2.90	20.27	8.19	8.77	20.28	11.15

表3-21 2012年京津冀城市群主要城市的经济联系势能

单位：亿元×万人/平方千米

	北京	天津	唐山	秦皇岛	张家口	承德	廊坊	石家庄	邯郸	邢台	保定	沧州
天　津	1989.46											
唐　山	378.82	729.17										
秦皇岛	34.48	39.34	60.99									
张家口	146.56	38.09	12.52	1.87								
承　德	112.98	70.63	72.61	9.69	5.10							
廊　坊	2069.63	926.01	82.35	6.07	13.20	15.83						
石家庄	185.08	107.98	28.16	4.28	20.31	6.85	27.56					
邯　郸	69.45	51.61	15.42	2.64	6.88	3.48	11.16	173.83				
邢　台	54.44	38.60	10.97	1.80	5.43	2.50	8.66	236.45	814.77			
保　定	558.72	251.96	47.23	5.75	30.59	10.96	84.86	226.13	47.95	43.71		
沧　州	305.94	767.47	85.69	8.29	10.28	11.21	85.82	54.22	27.76	20.97	116.58	
衡　水	76.83	67.60	14.38	1.96	4.79	2.78	14.30	90.85	39.95	36.60	88.80	57.07

(三) 城市群"中心-外围"格局显著,京、津两个中心城市辐射能力增强

为了更清晰地看到京津冀城市群内部的经济联系在空间上的分布及变动,我们运用经济联系势能的数据得到各年份京津冀城市群的经济联系图,用两点之间的连线表示两城市之间的经济联系,用直线的宽度表示经济联系势能在量上的等级(见图3-21和图3-22)。

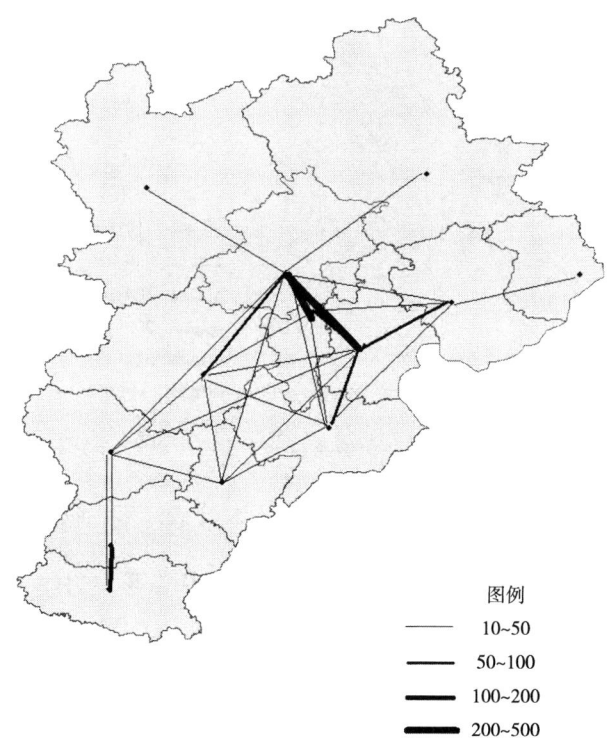

图 3-21 京津冀城市群经济联系 (2000 年)

这些年京津冀城市群内部各城市间的经济联系不断增强,在量上也不断增长。更重要的是,各年份的京津冀城市群的经济空间结

北京建设世界城市与京津冀一体化发展

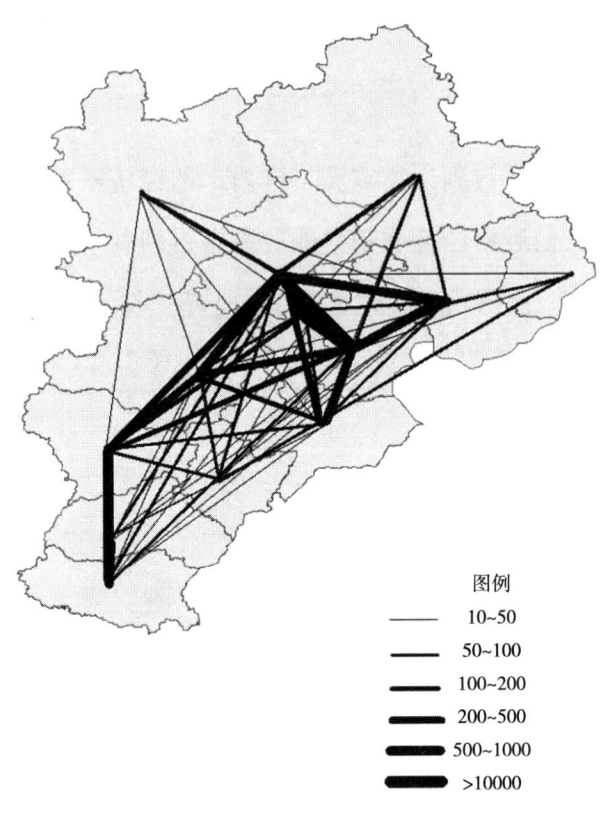

图例
— 10~50
— 50~100
━ 100~200
━ 200~500
━ 500~1000
━ >10000

图 3-22 京津冀城市群经济联系（2012 年）

构呈现出明显的"中心-外围"特征和空间上的非均衡性。北京、天津和廊坊不仅在地理位置上处于京津冀城市群的中心，而且在经济空间结构中也处于核心位置，它们之间的经济联系量一直远大于其他城市；而其他城市为外围，经济联系量主要沿着北京-天津、北京-唐山、天津-唐山等重要干线展开。另外，以京津为中心的极化效应向外围扩散的趋势明显，京津对外围城市的辐射能力有所扩大，在京津冀城市群的整体发展中起到了重要的动力作用。

（四）京津"双核"极化效应明显，区域内不平衡性仍在加剧

为分析各城市在整个区域经济联系中的地位和作用发挥的程度，我们计算了各年份京津冀都市圈主要城市的经济区位度。[①] 表3-22显示，2000~2012年，北京和天津作为区域中心城市的主导地位得到明显增强，两者的经济区位度远远高于其他城市。廊坊、保定因为距离北京和天津较近，与北京和天津的经济联系量比较大，所以经济区位度也比较高。

表3-22 2000~2012年京津冀城市群主要城市的经济区位度

单位：%

城 市	2000年	2005年	2010年	2012年
北 京	22.69	23.58	24.93	24.92
天 津	17.39	18.4	20.32	21.15
廊 坊	13.42	13.22	13.92	13.94
保 定	7.57	6.99	6.37	6.30
邢 台	7.27	6.65	5.59	5.31
邯 郸	6.78	6.39	5.53	5.27
石家庄	6.26	5.66	4.93	4.84
沧 州	6.21	6.78	6.5	6.46
唐 山	5.96	6.22	6.39	6.41
衡 水	2.98	2.72	2.12	2.07
张家口	1.36	1.25	1.27	1.23
承 德	1.25	1.29	1.36	1.35

---

① 经济区位度是指某一区位在所处区位体系中相对其他区位的优劣程度，可以用其经济联系势能的相对大小来表示，即用该城市与区域内其他城市经济联系势能的总和占区域内所有城市经济联系势能的比例来测量某一城市的经济区位度的优劣程度。

观察各城市2000~2010年的经济区位度变动，并将变动趋势标注在空间分布图上。除了北京、天津以及与它们接邻的廊坊、承德、唐山的经济区位度有所上升外，其他城市的经济区位度都呈下降趋势。北京、天津两大中心城市的综合实力不断增强，集聚效应大，经济区位处于绝对优势并且不断上升，增长极作用明显。随着北京、天津经济的快速发展，中心城市对相邻城市的辐射作用也有所增强，廊坊、承德、唐山等周边城市与它们的经济联系量不断增大，经济区位度上升。相比之下，其他城市，尤其是距离北京、天津较远的城市，如石家庄、邢台、邯郸，它们的经济区位度在近几年下降了，即它们对整个城市群总的经济联系量的贡献比重有所下降（见图3-23）。由此可见，北京和天津两市在城市群中的空间集聚效应大于扩散效应，极化效应仍然较大。

第三节　主要问题与发展契机

一　存在的主要问题

（一）总体实力不强，且内部发展不平衡

根据前面所分析的，无论是北京作为世界城市的经济实力，还是它所依托的京津冀地区总体经济实力，与世界公认的世界城市及其都市圈相比都有较大差距。总体经济实力不强与区域内发展不平

第三章 实证分析

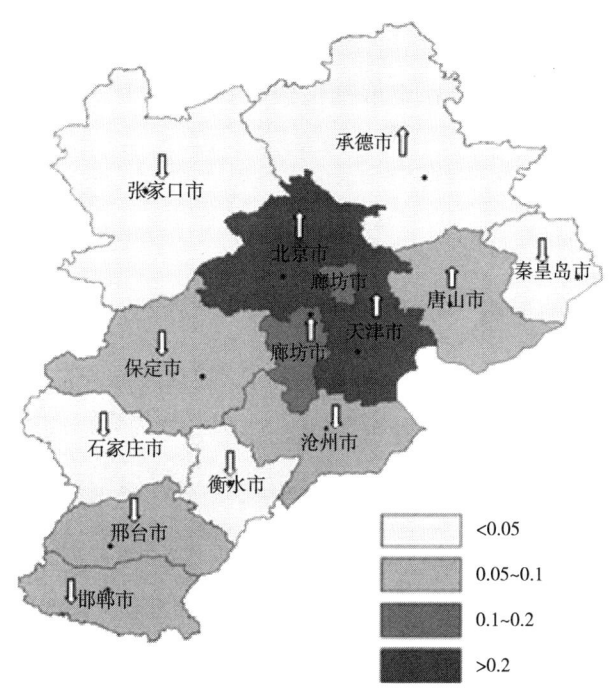

图3-23 京津冀城市群经济区位度变动趋势（2000~2010年）

衡有关。长期以来，中心城市对优势资源的高度集聚所形成"虹吸效应"，远大于其对周边地区的辐射效应，导致区域内发展极不平衡。2012年，京、津两市城市化率均已超过80%，已迈入高度城镇化阶段，而同期河北省的城市化率只有46.8%，尚在城市化中期阶段；2012年，北京和天津人均GDP分别达到14027.13美元和15129.04美元，而同期河北省人均GDP仅为5838.95美元，甚至低于同期全国平均水平（6094美元）。这种区域内经济发展极度不平衡的现象，甚至在北京周边形成的"环首都贫困带"，不仅拉低了区域平均水平，而且经济断层也使城市间产业难以有效链接，致

133

使整个区域经济实力难以迅速提升,而周边经济实力弱也无法对中心城市、为北京建设世界城市提供强有力的支持。

(二) 经济关联度不高,尚未摆脱行政区经济各求发展的旧有模式

根据前面的分析,京津冀区域内经济发展落差大、不平衡,城市间的产业关联、功能分工和经济协作关系不紧密,这些都与现行的行政区划及地方利益、各自规划、自成体系等体制政策有关。长期以来京津冀三地一直在构筑各自的城市体系,调整各自的产业结构,培育各自的联系腹地,拓展各自的对外联系方向,打造各自的中心城市,建设各自的出海口,城市之间联系相对松散,至今尚未完全摆脱单体城市或行政区经济各求发展的旧有模式,尚未真正形成区域经济一体化、合理分工、共赢发展的局面。从更深层次来说,这种现象与京津冀地区的市场化程度较低、行政干预力量过强、大量中小民营企业发展不足有关,这些因素给区域的产业融合、链接、集群带来阻碍。

(三) 城镇体系不合理,超大城市集聚过度而中小城市吸纳力不足

如前文所分析的,京津冀城镇体系结构呈现"哑铃形",人口分布结构呈现"倒金字塔形",中心城市集聚过度与中小城市吸纳力不足等突出特征,在超大城市与中小城市之间出现"断层",缺少100万~500万人口的大城市作为中心城市功能疏解的"二传

手"。这种情况，一方面会导致北京等中心城市人口、产业和城市功能疏解不出去，"大城市病"日趋严重，也难以通过功能疏解与周边城市建立紧密的产业协作关系以及合理的功能分工，进而发挥中心城市对区域的辐射带动作用；另一方面，区域内众多中小城市由于无力承接，无法借助承接中心城市功能疏解的契机迅速发展起来，而其优势资源却继续被中心城市所吸纳，从而与中心城市的发展差距越拉越大。新城及中小城市的吸纳力不足，在疏解中心城市产业、人口及功能方面的作用不明显，也与新城的城市功能不健全、各功能之间在发展时序上不协调有关，如有的产业发展先行，但公共服务发展滞后；有的居住功能发达，但缺乏产业支撑；有的城市定位不明确，缺少综合功能配套和相互支持，这些都在一定程度上影响了它们在产业发展、公共服务、吸纳就业、人口集聚等方面作用的发挥。

（四）缺乏有效的区域协调机制

在京津冀地区，行政强势而市场弱势，产业聚集与城市发展主要依靠政府推动，一体化发展的区域协调机制不健全。从横向协调来看，尚未形成京津冀三地就共同关注的重大项目和重大议题进行平等协商和谈判的机制；从纵向协调来看，缺乏一个高于行政区划和能进行统一协调、统一规划的顶层设计和仲裁机构；从机制协调来看，尚未形成区域利益分享机制、成本分摊机制与生态补偿机制等。

二 面临的重大契机

京津冀一体化进程加快，中央和地方已达成共识，新一轮京津冀区域合作高潮即将到来，为北京依托区域建设世界城市带来契机。

十八大以来，以习近平总书记为核心的新一届中央领导班子高度重视和强力推进京津冀一体化发展，国家发改委以及京津冀三地政府也都在加紧研究首都经济圈发展规划。2013年5月，习近平总书记在天津考察工作时明确提出，要谱写新世纪社会主义现代化的"双城记"。2013年6月，李克强总理在河北省主持召开的环渤海省份经济工作座谈会上指出，要"加快区域合作步伐，构建区域合作发展的协调机制，以基础设施互联互通、统一市场体系建设、社会保障制度对接为重点，在区域经济一体化进程中取得更大进展"。2013年12月，李克强总理在视察天津滨海新区时提出，希望天津在新一轮改革开放中成为北方地区的"排头兵"和"领军者"，走在全国"最前列"；要形成具有与上海不同特色的"贸易自由、投资便利、金融服务完善、高端产业聚集、法制运行规范、监管透明高效、辐射带动效应明显"的投资贸易便利化综合改革创新区。2014年1月，习近平总书记对北京工作做出面对新时期和新形势全面深化改革、找准首都城市战略定位、着力推进京津冀一体化发展、努力破解制约首都可持续发展的重大问题等重要批示。与此同时，国家发改委正在加紧制定首都经济圈发展规划；京津冀三地政府在2013年也分别签署了京津合作协议、京冀合作协议和津冀合作协议。可见，从中央到地方正在形成一股合力，全面推进首都经济圈一体化发展的高潮即将到来，有望在近期内取得重大突破。

第四章 战略研究

第一节 目标定位

一 北京建设世界城市的目标定位

近期目标——到2020年，中国特色世界城市基本框架初步确立。在充分发挥北京在总部、科技、人才、文化、信息等方面的资源优势的基础上，适应新的世界发展形势和格局调整，在更高层次上提升区域对外开放程度，在更大范围内推动内外市场和要素良性互动，进一步完善首都功能，推进"五个之都"建设，逐步增强中国特色世界城市的国际影响力和对周边临近区域的辐射带动力，将首都北京初步建成有世界影响力的科技文化创新之城、国际商贸中心、国际制造业管理中心、亚洲商务会展旅游之都、亚洲国际金融中心城市、国际经济总部东亚集聚地等，为提升我国国际地位和影响力提供重要的战略支撑。

远期目标——到2030年，中国特色世界城市得以初步建成。在初步建成中国特色世界城市基本框架的基础上，以首都北京中国特色世界城市建设为核心，抓住世界政治经济格局深刻调整、国家综合国力不断增强和首都城市影响力显著提升的机遇，支撑国家转型发展的战略要求，继续提升首都服务能力，继续优化政治、文化、经济、金融、信息等中心功能，继续积极吸引全球高端要素集聚，增强对全球资源的配置能力、经济支配能力和参与国际分工的能力，扩大对京津冀都市圈的辐射带动力，努力将北京打造成为国际活动之都、世界高端企业总部之都、世界高端人才聚集之都、中国特色社会主义先进文化之都、和谐宜居之都，成为国家积极创造国际、政治、经济、文化和生态合作与竞争新优势的战略高地。

二 首都圈发展的战略目标

近期目标——到2020年，以中国特色世界城市为核心，初步建立起世界级城市群的基本框架。立足津冀周边区域的资源禀赋和比较优势，按照都市圈支撑国家战略的要求，对接建设世界城市的战略需要，全方位推进北京从注重功能集聚向功能疏解和辐射转变，从更多强调周边地区保障北京向主动为周边地区提供服务转变，通过加强北京与周边津冀地区的分工合作，推动北京城市功能、产业、人口疏解转移，推进区域资源整合和空间优化，为高效实现和优化提升首都功能构筑坚实的腹地空间，为北京建设世界城市提供更加强大的区域支撑和更高质量的服务，为津冀功能定位的实现提供契机，构筑起京津冀地区分工合理、职能互补、高效有序的区域一体化发展格局，初步建立以中国特色世界城市为标志的世界级经济圈的基本框架。

远期目标——到 2030 年，以中国特色世界城市为引领的京津冀都市圈成为全球最有影响力和竞争力的世界级都市圈之一。以全球视野审视京津冀都市圈一体化发展，充分利用国际和国内两个市场、两种资源，更好地引进来和走出去，区域的国际化水平得到显著提升。着眼于共赢发展，促进国内和国际人口、产业、资金等要素资源在区域内更加自由顺畅地流动，建立更加紧密的对外开放分工合作格局。届时，在京津冀都市圈内，首都城市运行压力基本解除，以高端化、国际化、融合化为特征的生产性服务业和以高端制造业为支撑的区域现代产业体系得以建立，重要领域科技创新达到世界领先，文化软实力大幅提升，对全国的引领和支撑作用显著增强，初步建立起以中国特色世界城市为龙头，以天津、石家庄等区域中心城市为支撑，中心腹地共同繁荣，具有全球影响力和竞争力的世界级都市圈。

第二节　发展思路

一　以北京阶段跃升为契机，推进产业升级与区域产业整合

北京建设中国特色世界城市目标定位的提出，要求首都北京必

须以更宽阔的视野审视发展，以世界城市为坐标系定位发展，立足高端、高效、高辐射的产业发展方向，以提升产业素质为核心，在更高层次上参与全球分工，着力打造"北京服务""北京创造"品牌，显著增强首都经济的国际竞争力和影响力。充分发挥首都优势，围绕产业价值链分工，在京津冀更大区域范围内进行配置资源，更深入广泛地开展与津冀地区的产业协作与整合，引导产业价值链条的部分环节区际转移，共同推动首都经济圈建设和区域间经济合作，进一步增强北京服务区域、服务全国的功能和提升京津冀地区经济一体化发展的水平。

二 以首都经济圈规划为导向，推进三地重大举措的战略对接

充分发挥京津冀三方优势，加强三方的统筹协调和沟通互动，共同推动规划实施和重点专项规划的编制工作。以京津冀三地区域规划为引领，深入推进京津冀三地在产业、市场、基础设施等重大举措方面的全方位合作对接，促进要素便捷流动，推进三地重大举措的战略协同。依托北京产业发展政策、资金、技术、人才、管理等资源，以重点园区为载体，以高速公路、铁路等交通干线为主轴，根据功能区发展需求，一是加强与河北环首都绿色经济圈、沿海隆起带、冀中南地区城市产业发展规划的统筹协调，扩大与河北地区在能源资源保障、生态节能环保、科技孵化、农产品供应等方面的交流合作。近期主要推进环北京高速通道、首都二机场综合交

通体系、共性技术联合攻关、环境联防联控、京冀绿色生态带、社会保障、物流口岸、食品安全等多个领域的合作事项。二是深化与天津在交通基础设施体系、教育和科技研发、产业发展、陆海空航运物流、人才共享、文化旅游会展融合发展、金融一体化、生态建设、滨海新区开发开放等方面的合作，实现北京与天津经济社会的协调发展，近期优先推进京津产业新城、京津科技新干线与京津合作示范区的建设。三是以京津冀规划为导向，进一步明确区域细分产业发展定位，统筹城市产业在产业链中的上下游衔接配套关系，形成互为支撑的立体化、纵深化发展的产业分布格局，积极争取国家政策支持，加强重点领域合作，稳步推进京津冀区域经济一体化进程，共同争取国家出台推进京津冀区域发展的规划和政策。近期，京津冀三方共同配合国家发改委做好首都经济圈发展规划编制工作，以服务首都，共谋发展。

三　以打造首都圈为核心，推进三地产业、城镇、生态一体化

推进三地产业一体化发展。围绕首都经济圈建设，充分依托首都北京科技服务、文化服务、金融服务、信息服务、商务服务等产业发展优势，按照互惠互利、有利发展的原则制定优惠政策，发挥京津冀科技研发、产业、土地等互补优势，开展全方位的产业转移和对接合作。深化京津冀三地企业间上下游合作，通过产业链相关企业的转移和项目合作，完善各自优势产业链，实现共同发展。加

强中关村国家自主创新示范区对周边产业园区的辐射带动作用，搭建科技型中小企业孵化平台，推进战略性新兴产业等方面的合作，促进科技成果到周边转化，通过园区共建、飞地、委托运营等多种方式，加快首都经济圈高科技园区、开发区产业协同发展。

推进城镇一体化发展。依托北京新机场等跨区域重大项目建设，按照区域开发和空间布局需要，加快推进北京城市东南部和南部地区的京津新城、京冀新城与津冀新城开发建设的衔接，共同规划建设京津冀合作示范区，加强能源、资源、生态环境建设与劳动力输出等领域的合作，促进旅游、会展、物流、特色农业等方面的一体化发展，积极引导产业沿京津唐、京保石、京唐秦等发展轴节点城市向外辐射发展，打造成科技、生态、宜居的新城，推进三地临近城市的同城化发展。

推进三地生态一体化发展。推进京冀生态水源保护林建设和森林防火、林木有害生物联防联治等生态合作项目。加强京北地区造林绿化，共同提升京南地区森林覆盖率和城市绿化覆盖率，共建京津冀绿色生态带。加强京津冀环境治理方面的深入合作，在区域排放总量控制、煤炭消费总量控制、联合执法监管、规划及重大项目环境影响评价会商、环境信息共享、PM2.5污染成因分析和治理技术等方面加强合作，建立重污染天气的应急联动预案，进一步改善京津冀地区的生态环境。

四 以构建跨界治理协调机制为保障，实现区域一体化的战略突破

科学高效的体制机制是保障区域经济社会一体化发展的基本条件。推进北京世界城市建设与京津冀区域一体化发展，迫切需要健全三地区域协调、规划制定实施、社会政策衔接、财政税收共享等方面的体制机制。一是充分发挥中央政府、地方政府、企业和社会团体等方面的作用，进一步健全区域协调机制，构建多方参与、高效运转的区域协调保障机制；二是着眼消除地方行政壁垒，实现区域城乡一体化、经济一体化、交通一体化、市场一体化和环保一体化发展，推进区域发展规划制定与实施的多方衔接机制，建立"规划-实施-监督"的完整区域规划制定实施体系；三是推进财政税收政策创新，设立针对京津冀经济圈的特别税收政策，建立地方政府间的横向生态补偿财政转移支付制度，探讨建立首都圈内地方横向分税制和区域税收分享制度，逐步缓解乃至消除区域间的税收与税源背离问题，以促进区域经济协调发展；四是创新区域社会政策一体化的体制机制，加快社会政策一体化，推进京津冀地方之间社会保障、教育、医疗卫生等社会政策的相互衔接，推进公共服务的一体化发展。

第三节 实现路径

针对突出问题，探讨北京如何在促进区域一体化发展中，突破发展瓶颈，提升国际影响力和控制力的有效路径。

一 按照新型产业分工理论，重构区域产业分工格局

产业一体化是区域一体化的核心和关键。京津冀产业一体化，应以新型产业分工为基础，强调部门内部分工，突出产品专业化和功能专业化，重构京津冀都市圈产业分工体系，形成错位竞争、链式发展的整体优势。正在迈向工业化后社会的北京，产业的层次较高，是区域内现代制造业的研究开发中心、技术创新中心、营销中心及管理控制中心，产业发展的重点是现代服务业，制造业处于发散阶段；而处于工业化中后期的天津和河北，重化工业和高技术产业还在集聚、极化阶段。天津的优势在于拥有先进的制造技术和完备的制造业基础，处于产业链条的中端位置；河北省具有低价商务成本优势和基础制造业优势，处于产业链和价值链的低端；北京的生产性服务业与天津、河北的制造业互有需求，具有很强的互相依赖性。同时，京津冀内部的"一散一聚"，也恰好为区域产业整合提供了重要的契机和发展空间。因此，以新型产业分工为基础，京

津冀完全有可能形成错位竞争、优势互补、共赢发展的区域产业分工格局。

首先，北京应围绕世界城市建设，拓展提升城市服务功能，促进金融、信息、科技、商务、流通等生产性服务业加快发展，建设具有国际影响力的金融中心城市，促进经济结构由服务业主导向生产性服务业主导升级，提升服务业服务区域、服务全国、辐射世界的水平。在高端制造业方面，北京应瞄准国际前沿技术和产业发展趋势，强化科技创新优势，把发展战略性新兴产业作为提升高技术和现代制造业发展水平的突破口；同时北京应推进现有制造业的向外转移，以拓展产业的发展空间。

其次，河北应发挥其低价商务成本优势和基础制造业优势与环抱京津的区位交通优势，依托北京的科技创新资源，通过区域合作大规模改造提升钢铁、装备制造、医药化工、食品加工等传统制造业，积极培育壮大新能源、新一代信息技术、生物医药、高端装备等战略性新兴产业，推进北京战略性新型产业科技创新成果在河北的孵化，提高传统产业与新兴产业的核心竞争力，实现传统产业的转型升级。

最后，天津应紧紧围绕国家高水平的现代制造业和研发转化基地、北方国际航运中心和国际物流中心的功能定位，依托国家综合配套改革实验区的政策、体制机制创新优势和当前先进的制造技术与完备的制造业基础优势，借力北京打造国际商贸中心、国家创新中心等资源，深化与北京在口岸物流、科技成果孵化等方面的合作，瞄准国内外制造业发展前沿，推进航空航天、石油化工、新能源、电子信息、生物医药、海洋科技、节能环保等现代制造业与金融、航运、物流、总部经济、服务外包等现代服务业发展。

二 按照承载力和吸纳力情况，重构京津冀大中小城市合理格局

针对北京市在京津冀区域首位城市不突出的现实，应强化龙头带动作用，提高津、唐、石的支撑能力，带动京津冀区域的发展。近期应重点以北京建设世界城市为目标，发挥北京、天津与河北廊坊的地缘优势，突出顺义（怀柔、密云、兴隆）组团、通州（燕郊、三河、大厂、香河、蓟县、宝坻）组团、房山（涿州、涞水、高碑店）组团、昌平（延庆、怀来、涿鹿）组团、大兴（固安、永清、廊坊、武清）组团等城市新城组团建设，通过区域统一规划和建设，实现三地融合化、同城化发展，不断提高规模效应和扩散效应，以提高辐射源势能和首位度。中期应积极培育京津冀区域的特大城市，弥补现有城市体系中特大城市的数量不足和质量不高的缺陷。重点促进滨海新区和郊区新城建设，实现与北京的融合发展，加快唐山、石家庄两大城市的建设，重点是提升城市质量，增强区域辐射能力。远期应大力促进大城市向特大城市转变，完善城市体系层级，着力培育推进张家口、秦皇岛、廊坊、邢台、承德、沧州六个城市向特大城市转化，加强以世界城市为核心的超大城市

与特大城市之间的相互支撑和链接。

三 按照资源生态有偿共享原则，共建低碳绿色生态宜居家园

推进生态产业发展。立足首都世界城市建设和京津冀都市圈一体化发展，加快发展生态环境产业，推进传统产业的生态环境改造，按照生态产业标准建立新兴产业，打造低碳绿色的生态产业体系。一是发展生态农业，以畜牧养殖、错季蔬菜、特色农产品加工等为重点，推进绿色有机农产品供应基地建设，积极发展高端农业和循环农业。鼓励在生态功能区发展旱作农业、节水农业。二是大力发展生态工业。积极在生态功能区推广应用现代生态节能技术，打造多层次、多结构、多功能、低消耗、高质量和高效益的生态工业，探索清洁生产、资源再生利用的循环经济模式。积极推进生态旅游与生态文化产业在生态功能区的发展，推进节能环保产业向生态功能区的转移，提升生态功能区的发展能力。

推进生态宜居家园建设。构建纵横结合的区域财政转移支付制度，提升生态功能区县城和中心城镇的公共服务水平，积极引导生态功能人口向发展条件较好的县城和中心镇集中，限制人口大规模向生态功能区流入，支持生态功能区劳动力自愿到其他经济发达地区就业。积极实施生态移民，引导国家级、省市级限制开发区人口逐步向外转移，减轻人口对生态环境的压力。

建立和完善区域生态环境补偿与水资源利用协调机制。按照"谁受益、谁补偿"的原则，建立区域生态建设支持基金、水资源配置基金和经济发展补偿基金，妥善解决好京津冀地区生态建设资金缺乏，生态环境人工修复、维持难以继续，地方经济发展受到制约的问题。建立水资源利用协调机制，逐步转变区域行政性计划分水、地方政府强制分水等水资源分配机制，建立以市场为导向的水资源分配机制。建立中央政府与区域政府的定期磋商机制，争取相关中央财政、农村环保等方面专项基金对区域内重大生态环保项目的支持力度，拓展区域间生态合作项目的领域，避免因项目成本分担争议而导致环境恶化。

大力推进绿色生态屏障建设。着眼增强区域可持续发展能力，推进坝上高原生态屏障区、太行山生态汉阳带、流域水生态网络、绿色交通廊道等生态屏障建设，实施平原绿化造林、跨区域绿色廊道建设、河流湿地生态恢复、城市绿化美化、生态汉阳区生态修复等工程，构筑生态区域绿色生态防护体系。按照"建管并重"的原则，加强大气、森林防火、污染监控等方面的联防联控机制，提高区域生态安全的保障能力。

四 按照市场导向、政府服务原则，完善跨界治理与区域协调机制

组建首都圈区域发展委员会。组建由中央政府、京津冀两市一

省地方政府共同参与的区域协调机构，共同磋商区域合作发展重大事项，统筹推进世界城市与京津冀一体化发展的各项工作。委员会主任由国务院主管领导担任，京津冀政府主要领导及部委主要领导为成员。委员会办公室设在国家发改委；京津冀三方分别成立各自的区域协调常设机构，对接国家及对方有关联系部门，定期沟通并落实区域发展的重要议题和事项。

健全规划实施机制。充分发挥京津冀区域协调委员会的作用，加强统筹协调与沟通互动，共同推动相关总体规划与专项规划制定、实施。强化京津冀三方政府对规划制定与实施的领导，落实工作责任和分工，制定规划实施方案与行动计划，做好区域内相关规划的修编工作。争取国务院有关部门在研究、制定、落实规划的具体政策措施，专项规划编制、项目布局安排、体制机制创新等方面给予支持，及时指导世界城市建设与京津冀一体化发展中的重大问题与重大事项。

推进财政税收政策创新。借鉴美国等市场经济国家的经验，探讨建立地方之间横向的分税制，以合理解决要素流动和产业融合过程中的经济利益问题。如各城市联合开发的产业项目，不论项目所在地或注册地在哪里，形成的税收应按要素投入的比例由各方共享；因产业调整、产业链延伸等原因，某些产品或生产工序由一地转入另一地的，转入地新增的税收应按一定的比例返还给转出方；跨城市组建的企业集团或其他生产经营组织，新增利税也不能由总部所在地独享，而应在要素投入各方之间合理分配，用有效的制度保障合作各方的权益等。通过探索建立首都圈内地方横向分税制和区域税收分享制度，促进区域经济协调发展。

创新区域社会政策一体化的体制机制。完善人才流动的人口管理制度，重点完善区域社会保险转移接续、医疗保险异地就医结算、公积金异地互贷等制度，搭建规范统一的人力资源市场信息平台，在京津冀重点合作地区逐步实行政策互惠、资证互认、信息互通，促进人才自由流动。建立区域基本公共服务均等化协调机制，推动区域内基本公共服务协作、资源共享和制度规则对接。统筹区域基本公共服务标准，逐步实现区域基本公共服务设施建设、设备和人员配置、服务质量标准的对接，推进社会保障、教育、医疗卫生等社会政策的一体化发展。

第五章 突破口选择

第一节 战略重点

一 以谱写京津"双城记"为突破口,助推北京建设世界城市

在首都经济圈的经济版图中,京津两个超大城市并肩而立,作为区域经济发展的"双核心、双引擎"是不争的事实,也是迈向未来多中心城市群的现实基础。从国家战略来看,我们要打造的首都经济圈,无论从体量、质量,还是从水平上看,都应当是能够与长三角和珠三角并驾齐驱的、具有国际影响力和控制力的世界级大都市圈,是我国整合世界资源的重要平台、带动中国经济快速发展的三大经济航母之一。这一点决定了首都经济圈发展不可能、也不应该绕开天津。从区域发展来看,京津合作,事关全局。北京与河北的合作,更多的是资源互补性合作、产业价值链布局合作以及生态合作。而北京与天津的合作,由于经济技术水平接近、产业结构错

位、资源禀赋各异，更多的是城市功能的分工合作、强强联合的合作（如金融合作、科技合作、物流合作、海空港合作、生产性服务业与现代制造业合作、教育医疗合作等），合作领域更宽，影响更深远。因此，京津合作是推进首都经济圈一体化的核心和关键。只有京津联起手来，才有可能把首都经济圈打造成为世界级高端服务业基地、中国科技创新能力最强的科技高地、北方国际金融中心、国际航运中心和国际物流中心。只有谱写好社会主义现代化"双城记"，首都经济圈发展才有可能取得突破性进展与质的飞跃。

二 优化空间结构，在"点、轴、带、圈"上实现重大突破

京津冀城市群未来的空间结构，有可能由双核向轴线带动，进而向多中心、网络化格局方向发展，形成"双核、一轴（京津轴）、两带（沿海带，中间带）"的发展格局，形成"双核、三带、四区"的产业总体格局。双核，即北京中关村科技园区产业极和天津滨海新区产业增长极；三带，即京津唐高新技术产业发展带、现代滨海临港重化工产业发展带和京保石现代制造业发展带；四区，即北部张承生态产业发展区、中部京津廊坊现代服务业和高新技术产业发展区、唐秦重化工业优化升级区和南部石保沧现代制造业发展区。

近期，应抓住一些重大战略机遇，争取在以下四个方面全面推

进，取得突破。

（一）以北京新机场建设为契机，京津冀联手共建国家级"临空经济区域合作示范区"

当今的世界已进入航空时代。由航空枢纽所引发的巨大人流、物流和信息流等，为世界各主要城市在全球范围内配置高端生产要素、提升国家和区域竞争力奠定了坚实基础。在距离北京天安门正南48千米处建设一座旅客吞吐量达1.3亿人的大型国际枢纽机场，这是京津冀地区合作发展的重大机遇。从新机场20千米的临空经济辐射范围来看，既包含北京的大兴、丰台、房山、通州部分区域，又囊括了河北廊坊、保定以及天津武清等津冀部分区域，属于首都经济圈与京津冀城市群的核心区域。规划建设第二机场，不仅是北京疏解城市功能、优化空间布局、打造新经济增长极、增强北京对世界经济的影响力和控制力的重要抓手，也为京津冀三地围绕新机场建设进行资源、产业、城镇、交通、生态等统一谋划和联手建设提供了一个重要平台和战略支点。北京应当联手津冀共同申报建设国家级"临空经济合作示范区"，建成一个类似于郑州航空港经济综合试验区、列入国家战略层面、以临空经济为主体的国家级新区。如联合共建以航空、航海、航天一体化为核心，以地铁、高铁、市郊快铁为主干的国际航运中心、综合交通体系和基础设施体系；联合共建以航空物流和航空服务业、高端制造业、现代服务业和文化创意中心为主导的高端产业体系；联合共建以水、园、绿为主体的一流生态体系；联合共建以航空小镇为重点的绿色、智慧的航空都市体系。可以预见在未来 10～20 年中，在首都城南地区将形成一个以高端产业为支撑、科技创新为驱动和生态环境为保障的绿色临空经济区和现代化城镇体系，成为北京城市的副中心和国家区域合作的示范新区。

（二）依托天津滨海新区，京津冀共建中国投资与服务贸易最便利的综合改革创新区

在上海自贸区挂牌三个月之后，天津被获准建立促进投资和服务贸易便利化综合改革创新区，是中国深化改革、扩大开放的重要一步棋。2013 年 12 月 27 日，国务院总理李克强到天津滨海新区考察时明确提出，希望天津作为中国北方最重要的港口城市，在新一轮改革开放中积极探索促进投资和服务贸易便利化的综合改革试验，争当领军者、排头兵，走在全国前列。这一提法意味着国务院有意将天津滨海新区作为新一轮改革的"特区"，对天津，特别是对滨海新区在改革开放方面赋予了更高期望和更大责任。在天津建设投资与服务贸易便利化综合改革创新区，是中央基于战略全局、改革步子更大的新探索，是在全国范围内进一步深化改革、扩大开放的重要一步棋，是顺应全球经贸发展新趋势，更加积极主动对外开放，推进中国经济转型，打造中国经济"升级版"的重大举措。

建立促进投资和服务贸易便利化综合改革创新区是一个全

新的提法，不仅政策上优于上海自贸区，而且政策覆盖的面积更大，创新探索的内容更广。已经批复的上海自贸区只有28平方千米，而天津综合改革创新区则覆盖整个滨海新区2270平方千米，面积相当于2个香港特区、近2个浦东新区、5.7个深圳经济特区，这在全国是绝无仅有的。与上海自贸区脱胎于原有的保税区不同，天津的综合改革创新区一旦扩展到整个滨海新区，它所涵盖的将是一个独立完整的行政区域，有更大的创新空间。它需要探索的就不仅是和产业相关，不只是围绕关税、贸易、金融、物流去做，还将有社会管理等多方面的探索和创新。上海的自贸区模式与上海的经济环境及上海的特点有关系，更侧重于贸易和金融；而天津则更偏向于制造业，将在金融如何更好地服务实体经济方面迈出更大步伐，在全国做出创新示范。综合改革创新区，将突出"贸易自由、投资便利、金融服务完善、高端产业聚集、法制运行规范、监管透明高效、辐射带动效应明显"等特征。围绕投资与服务贸易便利化，在金融服务领域推出更多创新模式将是综合改革创新区的"重中之重"。近年来，天津滨海新区在金融服务实体经济和建设自由贸易区方面进行了多方面的创新和探索。作为由保税港区向自由贸易港区升级的空间载体——东疆保税港，目前一岛30平方千米的土地已基本开发完毕，二岛规划40平方千米填海造地已经启动，计划5年内投资500亿~600亿元。东疆保税港区是我国融资租赁产业聚集区，凭借多项全国领先的融资租赁创新模式，已经成为我国航空租赁中心。自2008年以来，天津融资租赁业务总量一直占全国的1/4左右，国内外著名的单一项目融资租赁企业更是占到全国的八成以上。按照国际经验，自由贸易港区都有较为发达的"境外市场"支撑。目前东疆保税区管委会已经与国内4家具有离岸业务资质的商业银行合作，并已完成制定了离岸金融的试点方案，上报了简化离岸账户审批、开展资本项目意愿结汇、短期外债指标等方案。天津东疆正在试图打造一个跨境租赁的"自由港"，在离岸金融方面进行更大的创新。未来，为配合投资与服务贸易便利化，滨海新区将进行多方面创新试验，在"贸易自由、投资便利、金融服务完善、高端产业聚集、法制运行规范、监管透明高效、辐射带动效应明显"等方面走在全国前列。

建立我国第一个政策上优于上海自贸区的综合改革创新区，不仅为天津发展提供了巨大助推力，也是京津冀区域发展的重大机遇。京津冀联手共建中国投资和服务贸易最便利、"功能更多、政策更宽"的综合改革创新区，在区域发展层面上，通过推进全面改革和协同创新，有利于突破制约区域一体化发展的桎梏和藩篱，促进京津冀三地在产业、科技、金融、物流、生态和社会政策等多方面合作，有利于北方对外开放门户、北方国际贸易中心、国际金融中心、国际航运中心和国际物流中心等战略目标的实现。在宏观战略层面上，有利于与上海自贸区形成"南北并进"的改革开放格局，有利于把京津冀打造成为更具国际竞争力的城市群，更好地发挥京津冀对环渤海区域的示范带动作用。

（三）抓住京津冀三地优化空间结构的机遇，共建国家级"京津科技新干线"

北京近年来积极实施"南城行动计划"，加快推动城市南部地区产业调整升级，积极构建"一轴一带多园区"的城市南部地区产业空间格局。天津近年来也在调整城市空间布局，将"战略东移"调整为"东移北转"，重点发展东南、中部、西北三大经济板块。将制造业、海洋装备等"长大厚重"产业向东南板块转移；将与北京关联突出、产业关联强的高新技术型"短小轻薄"产业向西北板块转移，以智慧产业带连接北京的空间布局。由此可见，京津两市的发展重心逐步靠拢，一个"由北向南"，将城市南部地区作为北京未来发展的重要空间和京津冀区域合作的门户通道；一个"由东向北"，将北部边缘地带变成京津两市交会地区的中心区域。京津两市空间结构的重大调整，为共建"京津科技新干线"提供了难得的机遇。

实际上，京津科技与产业的合作对接早有基础，并呈现加快发展势头。据天津市科委、市经协办提供的数据，天津近年来科技型中小企业每年新增1万家，其中4000～5000家是从外地转移来的，北京企业是大头；2013年天津引进的内资中，有1/3来自北京。经过多年建设，目前在京津城际走廊上，已形成了若干科技产业功能区，为进一步打造京津科技新干线奠定了坚实基础。从首都经济圈产业空间布局和发展趋势来看，未来很可能形成"双核、三带、四区"的空间格局。①无论是现实中的产业发展态势，还是规划中的产业空间布局，京津高新技术产业带都将是挑起京津冀地区产业发展的脊梁和主轴。

我们应抓住京津调整空间布局的战略机遇，充分利用京津城际走廊的现有产业优势和园区基础，通过功能区进一步聚集高端产业和优质要素，合力打造一条"中关村—亦庄—廊坊—武清—北辰—东丽—滨海新区"京津科技新干线，使其成为面向世界的国家级高科技创新的产业带，代表国家吸引世界创新资源、知识与产业对接，打造京津冀合作共建的示范区。在打造京津科技新干线过程中，北京应充分发挥生产性服务业辐射带动和科技辐射作用，发挥首都总部经济的引领作用。如重点发展面向区域的金融、信息、商贸流通等服务以及技术、产权等要素市场，增强区域生产组织和要素配置能力；大力发展服务外包（信息技术外包、业务流程外包服务等），将生产性服务业的服务半径拓展到首都圈乃至全国；积极开展技术合作研究，与周边地区共建研究中心，充分发挥科技资源的"溢出效应"；支持总部企业到周边建设生产基地和配套服务基

---

① "双核、三带、四区"空间格局——"双核"，即北京中关村科技园区产业极和天津滨海新区产业增长极；"三带"，即京津唐高新技术产业发展带、现代滨海临港重化工产业发展带、京保石现代制造业发展带；"四区"，即北部张承生态产业发展区、中部京津廊现代服务业和高新技术产业发展区、东部唐秦重化工业优化升级区、南部石保沧现代制造业发展区。

地，拓展总部经济的产业链条，充分发挥它的聚集效应、扩散效应。

（四）抓住北京中心城区功能疏解的机遇，共建首都绿色宜居生活圈

北京具有全国最大的教育、医疗、旅游、会展等市场优势，面临的最大问题是发展空间有限。缓解北京的人口资源环境压力，除了在北京周边加快建设新城、发展城市副中心以外，可以考虑把北京的一些满足全国市场需求的科技、教育、医疗、会展等功能疏解到北京周边。河北省响应首都城市功能疏解，正在积极建设"环首都绿色经济圈"。天津也在研究如何抓住北京功能疏解机遇，对接北京、服务北京。实际上，天津的教育和医疗水平也处于全国前列，北京、天津可以充分利用两市的教育、医疗优势，在距离北京1小时通勤圈内的蓟县、宝坻、武清等地，共建满足全国市场需求的专科医疗中心、职业教育基地和休闲会展基地。在京津大都市周边，建设一批养老中心和养老小镇，以优质配套的公共服务和绿色生态的宜居环境，把老年人从京津大都市吸引到周边的田园小镇来生活。建设环首都绿色生活圈，既可缓解首都的人口资源环境交通压力，又可把京津的教育医疗、旅游会展、休闲养老等事业以及生活服务业进一步做大做强，还会极大地带动新城建设及中小城镇发展。

在以上四个突破口中，前三个都有可能上升到国家战略去推动

和实施。

三 突出市场主导，强化空间网络联系，提升城市群质量

第一，充分发挥市场机制的决定性作用，促进区域内要素流动、产业链接和资源整合。推动跨区产业合作，优化产业组织，发挥北京总部经济的优势，在滨海新区、廊坊、保定等地建立区域产业合作基地，强化"总部（北京）-生产基地（外围）"的布局模式，建设城市群产业联系平台。强化北京和天津的科技创新能力和辐射带动能力，加快产业转移、技术扩散、人才输出和城市功能疏解，促进城市群城市之间联动发展。打破各种阻碍要素流动和经济有效运行的人为障碍和行政壁垒，推动城市群由单项辐射向双向互动转变，由功能性整合向制度性整合转变，由经济领域向社会领域转变，促进三地资金、人才、技术等要素在区域内自由流动和配置。创新区域合作模式，构建"你中有我、我中有你"的经济命运共同体，推进区域内企业合作、产业合作和政府合作。积极发展中小城镇和超大城市周边的新城、城市副中心，构建大中小城市协调发展的网络化城镇体系，形成等级完善、层级合理、联系紧密的城镇体系结构。

第二，充分利用现代科技手段，如大数据时代信息网络技术和高铁轨道交通等现代交通通信条件，密切城市间的经济联系。完善的基础设施是京津冀城市群一体化发展的重要保障，是京津冀地区

经济联系的重要依托。要实现基础设施共建共享，加强城市群内部、外部的交通联系，实现交通网络内连京津冀大中小城市、外接各大区、沟通海内外的布局框架。统一布局建设区域内重大基础设施，构建铁路、公路、空港、港口、管道、轨道交通等综合网络体系。要建设世界级城市群，必须努力做到各城市之间的资源，尤其是产业资源的整合与联动发展。要从区域整体利益出发，统筹规划，进行区域内产业的协作与分工，发挥各城镇产业优势，形成各地区优势产业或产业集群，壮大产业规模，培养各地高端产业和主导产业。培育发展关联产业，注重优势产业链接、延伸与整合，如培育现代物流产业链、钢铁产业链、石化和海洋化工产业链、装备制造产业链，共同打造技术链、价值链、供应链和产品链，通过项目建设加强其上、中、下游产品之间的链接关系，完善配套产业，提高产品附加值以及增值空间。加强重点领域产业合作，发挥区域内各城市的优势，实现与制造业直接相关的配套服务业的合作，如金融服务、现代物流、信息服务、研发及技术服务、知识密集型的生产性服务业，促进京津冀城市群产业一体化。不断以新技术引领新型产业发展，充分利用全球科技创新资源，利用区域科技创新资源，加强自主创新，加大核心技术和重大产品的自主公关，培育新医药、新能源、节能环保、新材料、新一代无线通信等战略新兴产业和集聚区，引领城市群产业结构升级，强化城市间的空间网络联系。

第三，充分发挥北京世界城市和天津国际港口城市的作用，积极参与国际分工，提升京津冀城市群对世界经济的影响力和竞争力。世界级城市群建设意味着与国际全面接轨，经济职能、社会职能必然是外向化的，在全球经济格局中发挥重要作用。京津冀城市群要继续加大开放力度，进一步吸引跨国机构，尤其是跨国金融机构和世界经济组织的分支机构，将京津冀地区更好地融入全球经济网络。继续优化投资环境，有效利用外资，积极抢占全球产业链高端，发展先进制造业，加大产业转型升级；加强利用外资的产业和地区投向引导，引导外资投向金融、先进制造业、高端服务业、高科技产业、国际物流等领域；大力发展北京总部经济，积极吸引跨国公司、国际组织等在京设立总部或分支机构，提升京津冀地区国际竞争力和影响力；注重吸引先进技术、管理经验和高端人才。实施走出去战略，主动融入全球经济网络。支持、鼓励竞争力较强的企业走向国际市场，参与国际分工协作，培养具有较强的国际知名度的跨国企业；鼓励有条件的企业开展对外工程承包和劳务输出，扩大互利合作和共同开发。发挥国际交往中心和国际物流中心功能，开展国际交流活动，建设国际和国内贸易中心；发挥北京国际交往中心功能，积极开展国际交流活动和民间外事活动，加强国际服务和管理工作；发挥天津北方国际航运中心和物流中心功能，构建国际交通枢纽，形成一体化的综合国际交通网络，进一步参与全球化分工和合作。

第二节 战略实施——以北京新机场、新航城建设为例

一 北京新机场建设具有重大战略意义

为疏解中心城区功能、改变首都南北发展不协调局面带来新契机。多年来，人口规模过快增长、交通拥堵、资源短缺、生态恶化、功能布局"北重南轻"等一直是困扰北京城市可持续发展的突出难题。而首都第二机场建设及其临空经济区发展，能够有效提升首都城南地区高端产业要素集聚能力，扩大优质公共服务的覆盖面，构建完备的基础设施和生态保障体系，完善城市服务功能，进而提高首都经济社会发展的总体水平。在可预见的未来10~20年中，首都城南地区将形成一个以高端产业为支撑、科技创新为驱动、生态环境为保障的绿色临空经济区和现代化城镇体系，为北京统筹产业、人口布局，疏解中心城市功能，破解首都人口、资源、交通、环境难题带来新契机。

提升北京世界城市国际影响力和控制力的新支撑。当前，世界经济已经进入航空时代。由航空枢纽所引发的巨大人流、物流和信息流等，为世界各主要城市在全球范围内配置高端生产要素、提升国家和区域竞争力中发挥基础性作用。放眼全球，纽约、伦敦、巴黎、东京等世界级城市都有两个甚至多个国际性枢纽机场及临空经

济区，成为促进城市经济发展和提升城市国际影响力的重要支撑。目前，北京正在着力建设中国特色世界城市，首都第二机场建设及临空经济区发展，将有效扩大北京对外交往的平台，提升首都在国际商品、资本、信息、技术、人才等生产要素领域的集散功能，进而增强北京在全球经济体系中的影响力和控制力，加速北京国际金融中心、文化中心、商贸中心、国际一流旅游城市、亚洲会展之都等功能定位的实现。

打造首都经济圈、推动京津冀一体化发展的新突破口和着力点。2013年3月，国务院正式批准郑州航空港经济综合试验区发展规划，这是第一个被列入国家战略层面的以临空经济为主体的国家级新区。而首都第二机场建设是国家航空港发展战略的重要组成部分，该机场及其临空经济区地处京津唐和京保石发展轴之间，属于首都经济圈与京津冀城市群的核心区域，海陆空兼备的综合交通体系优势明显，产业发展基础雄厚，其辐射带动作用不仅限于北京地区。从新机场20平方千米的临空经济辐射范围来看，既包含北京市大兴、丰台、房山、通州部分区域，又囊括了河北廊坊、保定以及天津武清等地的部分区域。依托首都第二机场和临空经济区建设及运营带来的巨大投资驱动、消费驱动和人流物流效应，可以充分发挥首都人才、科技、文化、基础设施优势以及周边地区丰富的劳动力、土地资源优势，通过跨区域临空产业布局发展，发挥北京在打造首都经济圈和推动区域一体化进程中的引领作用，使该区域成为带动京津冀区域经济合作、优化京津冀城镇体系的新典范与新动力。

二 北京新机场、新航城建设的基本构想

(一) 依托首都第二机场临空经济区，推进产业功能整合

科学选择适应首都发展特点的临空产业。紧密围绕服务经济、总部经济、知识经济和绿色经济的首都经济特征，依托快捷的航空运输优势，顺应国际化、短时间和远距离的市场要求，重点发展涵盖第二产业和第三产业的以高端、轻快和高附加值产品生产为主的临空产业集群，如空港服务业、航天航空产业、物流快递产业、高新技术产业、会议会展产业、文化旅游业、商务服务业和高端制造业等，构建适应新机场集、疏、运要求和区域局部均衡的临空产业体系。

推进顺义和大兴临空经济区功能的内外整合。一是统筹顺义和大兴两大临空经济区在综合保税区、大型会展设施、空港物流等方面的资源和功能要素，延长现有临空经济服务链条，增加附加值，推进首都第二机场临空经济区与首都机场临空经济区的合理分工。例如，首都第二机场临空经济区是单独规划综合保税区，还是建设分区；是需要尽早规划建设特大型会展场馆（20万平方米以上），还是先规划预留会展用地再根据市场需求择机建设等。二是与首都机场及临空经济区多次改扩建和逐次完善临空功能以适应首都经济社会快速发展的情况不同，

首都二机场及其临空经济区起点较高、相关限制性因素较少，在规划中应吸取首都机场及其临空经济区规划建设中在交通、生态、产业及土地政策方面的教训，在首都第二机场及其临空经济区规划建设中予以完善。三是加强北京市两大临空经济区与天津、河北物流及保税功能区的合作，争取中央政府相关部门的支持，提升空港、海港、铁路、公路物流业的整合和融合水平，构建功能互补、协调联动的系统平台，提升北京市临空经济的规模、功能和区域辐射带动力。

构建以"双龙头"为引领的首都临空经济带。以北京市"十二五"规划中期调整为契机，重新调整北京市现有产业空间布局结构，推进首都城市发展总体规划修编，在现有"两城两带、六高四新"的产业空间格局基础上，依托两个机场及周边功能设施，构建以两大临空经济区为龙头，以顺义、通州、亦庄、大兴与房山为核心节点，引领带动周边津冀地区经济互动发展的首都临空经济带，并将其作为全市高端产业发展和优化首都产业布局的重要载体。制定出台《关于促进首都临空经济带发展的若干意见》，围绕临空高端产业要素集聚，提升综合保税、物流等临空服务功能，制定人才、产业、投资、土地等方面的系统性政策措施，鼓励国内外大型企业集团通过直投、共建或联建等方式参与临空经济带的相关产业发展和园区建设，在更大区域范围内为首都经济持续发展配置资源、拓展服务。

统筹规划首都临空经济带产业空间布局。立足"以港带区、联动发展"的思路，按照临空经济的客观规律，围绕新机场建设和南苑机场拆迁这一战略机遇，依托临空经济区保税、口岸等功能，提升顺义、通州、亦庄和大兴等节点新城的城市服务功能，统筹大兴生物医药产业基地、房山窦店高端制造产业基地、北京经济技术开发区、中关村通州园、京南物流基地等产业园区的功能布局调整和产业转型升级，在各功能区现有产业存量基础上，加速推动现有高端产业功能区向"短、小、轻、薄"型临空关联型产业方向发展；同时，合理安排建设时序和空间布局，留足高端制造业和现代服务业发展的后续空间，积极培育高端临空产业新区。在保障首都基本需求的前提下，加快推进仓储物流、航空食品、生态农业和出口加工等产业向廊坊、固安、永清和涿州等河北市县产业功能区转移，进而为推动首都城南地区城市发展空间战略调整和功能优化配置腾出空间，提升北京市对首都经济圈的辐射和影响力。

(二) 打造首都城市副中心，疏解首都中心城区部分功能

从上海浦东、天津滨海、重庆两江、陕西西咸、兰州新区等国家级新区和城市经济副中心来看，它们的规划面积都比较大，如浦东新区的规划面积为400平方千米，郑州航空港经济综合实验区规划面积为415平方千米。借鉴国内国家级新区和城市副中心的建设经验，首都第二机场临空经济区应跳出现有大兴新航城的规划范围（57平方千米），吸取近些年新城变卧城的教训，以首都第二机场

临空经济区为核心，统筹新机场周边京冀两地产业发展与城镇建设，科学规划"城""业"布局，提升首都第二机场临空经济区经济发展的体量和能量，构建类似浦东新区、兰州新区等国家级新区和城市副中心能够容纳较大规模人口、产业和功能的空间新载体，以最大限度地缓解首都中心城区的人口、交通、资源和环境压力，引领带动首都经济圈产业发展，推进京津冀区域经济一体化进程。

（三）推进临空小城镇建设，提升区域产城融合发展水平

据有关研究保守估计，随着首都第二机场建设投入运营与临空经济区的发展，未来在首都新机场附近将至少形成一个就业人口数30万、居住人口数50万的城市化区域，新机场周边的商业、生活和社会服务设施的需求将急剧增加。因此，首都第二机场临空经济区的建设，要以中央新型城镇化建设构想为契机，全面落实以人为本的科学发展观，从全面、协调和可持续发展的角度，超越当前城市建设理念，通盘考虑高端人才和一般性工作人口在该区域定居生活和就业的需要，创新土地利用体制和失地农民安居乐业的长效机制，科学规划建设5~10个"宜居宜业"的临空小城镇，以生态林木和特色产业形成区隔，完善居住、购物、休闲、社会事业等方面的城市服务功能，加大市级财政对配套基础设施建设的支持力度，创新社会力量投融资模式，推进新机场周边道路交通、教育卫生和文化体育等配套服务设施建设，提升新机场周边地区城市服务功能，构筑首都城南新型城镇体系。

（四）规划建设绿色走廊和生态圈，提升临空经济区生态保障功能

一是推进临空经济区与主城区之间的绿色生态走廊建设。以切实提升首都可持续发展能力为核心，在加快临空产业集聚和发展的同时，推进临空经济区与主城区之间的绿色生态走廊建设，通过规划来控制生态隔离带区域的产业和城市建设，打造对北京市主城区具有充分调节作用的绿色生态空间，提高临空经济区建设对中心城区的生态屏障功能。二是构筑环临空经济区的绿色生态圈。扩大北京平原造林政策在二机场周边地区的覆盖范围，扩大机场外围的绿化空间，打造首都国门地区的生态绿色景观体系，改善首都生态环境，也可有效防止新机场周边地区形成违章建筑密集的城乡接合部；深化与河北周边地区的生态合作，探索符合跨区域绿色发展要求的城市运营和管理模式，联合研究制定产业集聚发展、绿色市场建设、绿色消费培育等方面的具体政策和措施，实现水资源利用、垃圾处理、交通网络、绿色建筑、生态景观等生态系统有效衔接，推进周边地区在航空污染上的联防联控工作，构筑临空经济区的绿色生态圈。

（五）加强新机场外围交通规划与衔接，打造现代综合交通体系

新机场及周边城镇交通体系的建设，应秉承人性化、无缝化的规划设计理念，围绕城际轨道交通、城市轨道交通、高速铁路、高

速公路、航空运输等多种交通方式之间换乘的科学化、无缝化和人性化连接，构建以首都第二机场为枢纽、以轨道交通和高速公路为主导的现代综合交通体系。围绕新机场的服务区域，进一步完善京津冀区域交通体系，构筑以首都机场、首都第二机场、滨海机场及天津海港为中心的京津冀高速铁路网，推进"海、陆（公路、铁路）、空"功能有效整合，提升首都第二机场的集、疏、运水平和对首都经济圈产业的整合带动能力。

三 北京新机场、新航城建设的制度保障

（一）京津冀共同申报跨区域国家级临空经济合作示范区

为落实国家有关首都经济圈发展的总体战略部署和推进京津冀区域经济一体化发展目标，建议以首都第二机场建设为契机，京津冀三省市共同申报国家级"首都第二机场临空经济合作示范区"，通过大胆探索、先行先试，着力探索京津冀跨区域经济一体化发展的内外协调整合机制，着力推进跨区域高端制造业和现代服务业集聚发展，着力推进跨区域"城""业"融合发展，着力推进跨区域对外开放合作创新的体制机制，探索以临空经济促进京津冀发展方式转变和城市功能优化提升的新模式，为提升京津冀全方位合作水平和开放发展提供有力支撑，为全国跨区域合作发展树立新典范，创造新经验。

（二）创新北京市域经济发展资源的内部统筹协调机制

在市级层面成立专门的首都第二机场临空经济区规划建设领导机构，或将临空经济区规划建设纳入市级新机场建设领导小组职责范围，定期沟通协调临空经济区规划建设问题，在明确大兴区和市规划委、市发改委等部门相应职责的同时，加快统筹协调相关规划编制和项目建设进程，做到临空经济区与新机场同步规划、同步建设、同步投入使用。

（三）完善首都经济圈跨区域协调沟通和利益分享机制

建议积极争取国家层面牵头进行顶层设计，改变现有的"先地方协商、后上报中央"的沟通协调模式，建立由机场建设集团、首都机场集团、北京、天津、河北组成的"三地五方"的新机场临空经济区协调联动工作机制，通过共同参与日常协调会议，在中央层级统一规划审批的前提下，明确相关各方职责，加强京津冀在临空经济区和周边城镇建设规划编制、资源共享、政策集成和要素整合等方面的协调与协作，提升京冀在产业布局、市政交通、城镇建设、资源能源、生态建设、社会事业等领域的全方位合作水平，积极探索临空经济区发展成果的税基分享、股份分红等跨区域利益分享机制，排除分散无序建设竞争隐患，打造跨区域合作共赢的新格局。

（四）创建首都经济圈跨行政区统一规划、统一建设机制

依托跨区域合作协调沟通机制，探索跨区域的一体化规划新模式。一是推进跨区域城镇规划和临空经济区规划的一体化，特别是推进地区间人口、产业布局、市政交通、城镇建设、资源能源、生态建设、社会事业等领域规划的对接，统一不同行政区之间临空经济区的规划，秉承"有所为，有所不为"的原则，推进跨区域新机场临空经济区规划和未来产业布局的对接和协调，为日后区域产业的互补合作和错位发展奠定基础；二是推进跨区域新机场与临空经济区建设的一体化，实现航空场站与临空经济区的同步建设；三是推进跨区域基础设施规划建设一体化，特别是跨区域干线道路对接和轨道交通建设的对接，为未来地区间产业布局和合作奠定坚实的基础。

第三节 制度保障

一 完善区域协调机制体系，促进区域协同发展

本课题设计的省际利益协调机制体系的总体框架由五个分机制构成，包括横向协商机制、纵向协调机制、利益分享机制、成本分摊机制和生态补偿机制（见图5-1）。

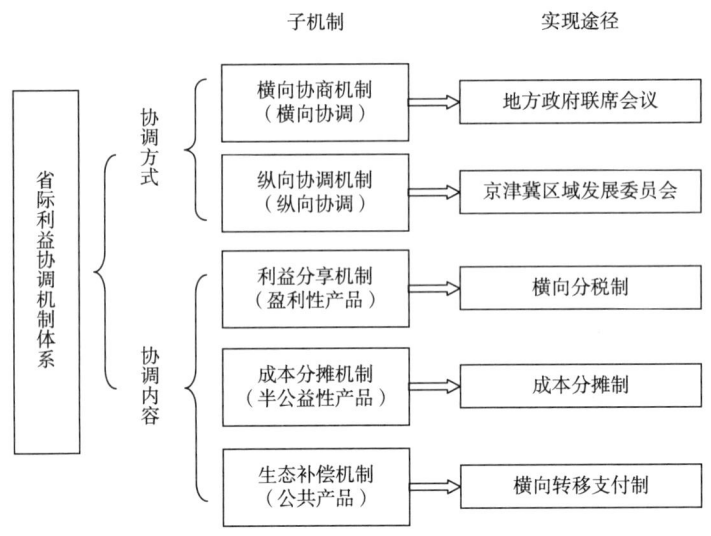

图 5-1 省际利益协调机制体系框架

在五个分机制中，协商机制与协调机制是针对协调主体以及协调形式而言的。因为经济的空间溢出效应必然要突破行政边界的刚性约束，那么地方政府之间就有必要通过定期或不定期的谈判和协商进行利益的横向协调。协商机制主要表现为市长联席会议制，通过平等的谈判和协商，共谋发展大计，促进区域合作，协调各自利益。但由于地方政府的有限理性和市场的不完全性，地方政府自发式的协调不一定能达到省际纳什均衡，这就需要中央政府设立权威协调仲裁机构进行纵向协调。协调机制主要表现为国家区域管理委员会，通过区域统一规划、重大项目协调和重大矛盾仲裁，以维护区域公平，保障区域整体利益和长远发展。这种以省级横向协商机制为基础、纵向协调机制为补充的区域协调模式，具有地方政府与中央政府共同参与、市场协调与政府协调有机结合的体系特征。协商机制体现地方政府的平等性,协调机制体现中央政府的权威性,前者以市场协调为基础,后者以政府协调为主导。这种区域协调模式有利于实现区域发展的效率与公平。

利益分享机制、成本分摊机制和生态补偿机制,是分别针对不同的协调对象、协调内容而言的。利益分享机制对应的是营利性产品,如基于省际产业转移、企业间产业合作,建立命运共同体的利益分享机制。成本分摊机制对应的是半公益性产品,如基于省际(跨界)基础设施共建,要求地方政府依据基础设施对本地区的外部性弹性系数横向分摊成本。生态补偿机制对应的是公益性产品,如要求生态收益省份通过财政横向转移支付补偿受损省份。利益分享机制由市场机制主导;成本分摊机制属于半政府半市场导向;生态补偿机制属于政府导向。在五个分机制中,协调机制与协商机制是主导机制,它们保证省际利益协调的公平;利益分享机制、成本分摊机制和生态补偿机制是路径机制,它们保证省际利益协调的效率。五个分机制共同作用,形成合力,才能为京津冀区域协同发展提供有效的制度保障。

二 横向协调与纵向协调相结合

(一)横向协调——建立地方政府联席会议制度,通过共谋发展和平等协商来推动区域一体化发展

建立常态化的"京津冀市长联席会议制度"。联席会议主席可

由北京市市长、天津市市长、河北省省长轮流担任。联席会议下设办公室或秘书处，为常设机构，负责落实联席会议所做出的各项决策。办公室设在北京，便于和中央及时沟通。其职能为：（1）建立平等协商谈判机制，每年举行一次会议，主要是共同签署区域内重大协议。（2）建立常设性的决策机构——京津冀发改委主任会议制。每半年举办一次，探讨各城市之间发展思路的对接，协调解决基础设施共建、产业转移、环境保护联防联控、人才跨区域自由流动等重大问题，对省际重大项目进行表决，制定社会保障一体化章程，形成规范的对话与协商机制。主要负责区域重大决策谈判，如组织首都经济圈区域内的参与主体，就某个议题（如生态、大气治理、产业分工与布局、跨界交通基础设施、大型公共产品等）进行谈判与协商，最后形成相应的协议。该协议对参与方具有法律约束作用。（3）建立政策咨询机构，为京津冀区域发展提供决策方案，并对政策实施成效进行评估。

通过建立健全上述的区域协商、决策实施与政策咨询等机构，组织协调实施跨行政区的重大基础设施建设、重大战略资源开发、生态环境保护与建设以及跨区生产要素的流动等问题；统一规划符合本区域长远发展的经济发展规划和产业结构；统一规划空间资源和其他资源的投放；制定统一的市场竞争规则和政策措施，并负责监督执行情况；指导各市县制定地方性经济发展战略和规划，使局部性规划与整体性规划有机衔接。

(二) 纵向协调——建立京津冀城市群发展委员会，从顶层规划和矛盾仲裁来保障区域一体化发展

对关系京津冀全局发展、涉及共同利益、地方之间难以协调的重大战略部署和顶层规划以及矛盾仲裁，需要建立超越行政区划的区域协调机构——由国务院牵头组建"京津冀城市群发展委员会"，主要对京津冀区域交通体系建设、生态环境建设、市场体系建设、社会保障制度等进行统一规划、战略部署、政策协调和矛盾仲裁。例如，统一规划海陆空（以首都第二机场为核心的航空枢纽、以高铁为主的陆路枢纽、以天津港为核心的海运枢纽）立体运输体系。在空运方面，在以首都第二机场为核心的基础上统筹区域内的其他机场（如首都机场、天津滨海机场、石家庄机场等），对机场之间进行功能分工，使这个区域成为国内和国际航线开设最全、运能运量最大的机场群，成为亚太区国际中转的枢纽机场。在海运方面，以天津港为核心，整合区域内其他港口，把首都经济圈建设成为中国北方海运枢纽中心。在陆路运输方面，发挥北京的铁路、高速铁路、公路的优势，把这个区域打造成为亚太区陆路运输枢纽。例如，统一规划区域内生态环境，共同治理大气污染，构建区域内的宜居家园，等。首都经济圈发展委员会，还需设立争端解决机制，负责对区域内超越行政区划的争端进行仲裁。

三 探索建立区域税收分享机制、成本分摊机制与生态补偿机制

税收分享机制。对京津冀区域内跨省市的生产投资、产业转移、共建园区、科技成果落地、招商引资异地落地等项目，进行利益分享的制度设计和政策安排，探索有效的地区间税收分享和产值分计。在税收方面，京津冀三地政府应按照三地对产业的边际贡献系数比例，在省际产业转移时进行税收分享，即横向分税制。对于跨省市合作项目带来的新增增值税、所得税等地方留成部分，可按一定比例在合作地区之间进行分成。

成本分摊机制。京津冀三地政府应按照省际基础设施对本地区经济所产生的外部性弹性系数比例分摊建设成本，并依此为权重承担建设责任，健全成本分摊制。对于跨省市合作的交通基础设施等公共设施项目，可在合作地区之间进行成本分摊，其收益用于建立区域发展共同基金，支持区域未来的基础设施和配套设施建设。探索建立跨区域交通基础设施的统一建设和运营机制，推进京津冀地区基础设施一体化。

生态补偿机制。建立京津冀区际流域生态补偿机制。如北京可以根据上游水质级别 θ 判断河北的治污努力程度 x，对河北进行奖惩，帕累托最优风险分担可以实现。如果河北选择治污努力程度 x^* 使水质符合北京要求的标准 θ^*，北京将付河北 $\delta=\delta^*$；否则，北

第五章 突破口选择

京将付河北 $\delta < \delta^*$，即

$$S = \begin{cases} \delta^*(\pi) = \delta^*[\pi(\theta)], \theta \geq \theta^* \\ \delta, \theta < \theta^* \end{cases}$$

只要 δ 足够小，河北绝不会选择 $\theta < \theta^*$。δ 足够小，意味着 δ 可以为负，为负则是一种惩罚机制，以一种罚款的形式出现。换言之，当北京的上游水质在合同规定的级别以上时，北京补偿河北；当水质在合同规定的级别以下时，北京对河北进行惩罚，即京冀区际流域生态补偿机制是双向的。当北京对河北的补偿程度大于河北的治污成本，或惩罚力度大于河北建设高耗能、重污染行业的经济效益时，河北会愿意与北京签订合同。合同一旦签订便具备法律效力、刚性约束和可强制执行性。

京津冀生态补偿机制的建立基于国家对水流、森林、山岭、草原、荒地、滩涂等自然生态空间进行统一确权登记，形成归属清晰、权责明确、监管有效的自然资源资产产权制度。为保证协调机制切实发挥效用，应以合同契约为形式设计补偿机制，赋予机制法律效力，保证机制的可执行性和刚性约束力。京津冀省际流域生态补偿机制在具体执行过程中，可以由水利部合理测算水域流量，由环境保护部作为跨界断面水质监测机构，由国家区域管理和协调委员会作为第三方监督机构，根据不同的水质类别对应制定级差补偿价格，在流域水资源产权归属明确的前提下，监督补偿合同的履行。此外，国家还可以建立全国统一的水权交易所，作为京津冀流

域生态补偿机制具体执行的平台。

四 构建区域发展银行，创新区域投融资机制与合作模式

为推动区域发展，可以参照国家开发银行的模式，设立首都经济圈发展银行，负责京津冀城市群的区域开发。有必要创建区域合作投资机构，设立区域合作基金，积极投资支持区域内大型跨界公共基础设施建设、生态环境建设等。应积极探索跨区域公共服务领域的对接合作，发挥首都公共服务资源优势，带动周边区域公共服务水平提升。例如，积极投资支持发展联合办学、跨地区远程医疗、远程教育，积极开展文化体育的交流合作，促进医疗和社会保障跨区域对接等。探索城市群内人口服务对接机制，建立新型户籍制度，破除城乡一体化发展壁垒，使劳动力、资本等生产要素在区域间自由流动。京津冀区域合作模式也急需创新，理想模式是建立"你中有我、我中有你"的命运共同体。

参考文献

[1] Geddes, Patrick. *Cities in Evolution*. Williams & Norgate. 1915.

[2] Peter Hall. *The World Cities*. London: Weidenfeld and NicolsonLtd. 1984: 1-7.

[3] Friedmann, J. and G. Wolf. "World City Formation: Anagenda for Research and Action", *International Journal of Urbanand Regional Research* 1982, 6 (3): 309-344.

[4] Sassen, S (eds). *Global Net Works - linked cities*. London: Routledge. 2002.

[5] Sassen, S. *The global City: New York, London, Tokyo*. Princeton: Princeton University Press. 2001.

[6] Castells, M. *Net Work Society*. Oxford: Blackwell. 1996.

[7] Friedmann, J. "The World Cityhy Pothesis", *Development and Change*, 1986, 17 (1): 69-84.

[8] London Planning Advisory Council. World City Moving into the 21st Century HMSO, London. 1991.

[9] 蔡来兴等:《国际经济中心城市的崛起》,上海人民出版社,

1995，第 121 页。

[10] 李国平：《世界城市格局演化与北京建设世界城市的基本定位》，《城市发展研究》2000 年第 1 期，第 12~16 页。

[11] 李国平、卢明华：《北京建设世界城市模式与政策导向的初步研究》，《地理科学》2002 年第 6 期，第 263~269 页。

[12] 沈金箴：《东京世界城市的形成发展及其对北京的启示》，《经济地理》2003 年第 6 期，第 571~576 页。

[13] 姚为群：《全球城市的经济成因》，上海人民出版社，2003。

[14] 曹红阳：《中国的世界城市发展道路研究——以北京为例》，东北师范大学博士学位论文，2007。

[15] 徐颖：《北京建设世界城市战略定位与发展模式研究》，《城市发展研究》2011 年第 18 期，第 72~77 页。

[16] 王新新：《北京建设中国特色世界城市的路径选择》，《城市问题》2012 年第 2 期，第 30~36 页。

[17] 吴殿廷、朱桃杏、鲍捷、朱华晟、胡志丁、杨欢、王乐乐、王三三：《中国特色世界城市建设的空间模式和基本策略》，《城市发展研究》2013 年第 20 期，第 98~104 页。

[18] 屠启宇：《世界城市指标体系研究的路径取向与方法拓展》，《上海经济研究》2009 年第 6 期，第 77~87 页。

[19] 齐心、张佰瑞、赵继敏：《北京世界城市指标体系的构建与测评》，《城市发展研究》2011 年第 18 期，第 1~7 页。

[20] 代帆、李婧：《衡量"世界城市"的指标体系构建》，《管理

学刊》2011年第24期，第79~81页。

[21] 段霞、文魁：《基于全景观察的世界城市指标体系研究》，《中国人民大学学报》2011年第2期，第61~71页。

[22] 王建：《美日区域经济模式的启示与中国都市圈发展战略的构想》，《战略与管理》1997年第2期。

[23] 王得新：《基于因子分析的京津冀都市圈专业化分工水平实证研究》，《区域经济评论》2013年第3期，第137~141页。

[24] 陈睿：《都市圈空间结构的经济绩效研究》，北京大学博士学位论文，2007。

[25] 封志明、杨玲、杨艳昭、游珍：《京津冀都市圈人口集疏过程与空间格局分析》，《地球信息科学学报》2013年第15期，第11~18页。

[26] 孙铁山、李国平、卢明华：《京津冀都市圈人口集聚与扩散及其影响因素——基于区域密度函数的实证研究》，《地理学报》2009年第64期，第956~966页。

[27] 张蕾：《中国东部三大都市圈城市体系及演化机制研究》，复旦大学博士学位论文，2008。

[28] 孙久文、邓慧慧、叶振宇：《京津冀都市圈区域合作与北京的功能定位》，《北京社会科学》2008年第6期，第19~24页。

[29] 张强、陈怀录：《都市圈中心城市的功能组织研究》，《城市问题》2010年第3期，第21~27页。

[30] 张可云：《京津冀都市圈合作思路与政府作用重点研究》，

《地理与地理信息科学》2004年第20期，第61~65页。

[31] 母爱英、武建奇：《京津冀都市圈管治中政府间行为博弈分析》，《河北学刊》2007年第27期，第163~167页。

[32] 马远军、张小林：《城市群竞争与共生的时空机理分析》，《长江流域资源与环境》2008年第17期，第10~15页。

[33] 冷志明、易夫：《基于共生理论的城市圈经济一体化机理》，《经济地理》2008年第28期，第433~436页。

[34] 卢明华、李国平、孙铁山：《东京大都市圈内各核心城市的职能分工及启示研究》，《地理科学》2003年第23期，第150~156页。

[35] 董晓峰、成刚：《国外典型大都市圈规划研究》，《现代城市研究》2006年第8期，第12~17页。

[36] 杜德斌、智瑞芝：《日本首都圈的建设及其经验》，《世界地理研究》2004年第4期，第9~16页。

[37] 冯建超：《日本首都圈城市功能分类研究》，吉林大学博士学位论文，2009。

[38] 张良、吕斌：《日本首都圈规划的主要进程及其历史经验》，《城市发展研究》2009年第16期，第5~11页。

[39] 刘波、白志刚：《伦敦世界城市建设的特征及对我国城市发展的启示》，《城市观察》2012年第5期，第134~141页。

[40] 杨一博、宗刚：《纽约世界城市发展道路对北京的启示》，《现代城市研究》2011年第12期，第79~84页。

[41] 方创琳、宋吉涛、蔺雪芹：《中国城市群可持续发展理论与实践》，科学出版社，2010。

[42] 文魁、祝尔娟主编《京津冀发展报告（2014）——城市群空间优化与质量提升》，社会科学文献出版社，2014。

[43] 文魁、祝尔娟等：《京津冀发展报告（2013）——承载力测度与对策》，社会科学文献出版社，2013。

[44] 文魁、祝尔娟主编《京津冀区域一体化发展报告（2012）》，社会科学文献出版社，2012。

[45] 祝尔娟等：《全新定位下京津合作发展研究》，中国经济出版社，2009。

[46] 祝尔娟、叶堂林：《"十二五"时期京津冀发展研究（2009）》，中国经济出版社，2010。

[47] 陈丙欣、叶裕民：《京津冀都市区空间演化轨迹及影响因素分析》，《城市与区域》2008年第1期。

[48] 陈红震、李国平、张丹：《京津冀区域空间格局及其优化整合分析》，《城市发展研究》2011年第11期。

附录　阶段成果

研究团队承担的相关项目及成果一览表（2011~2014年）

（一）承担的相关课题

序号	项目主持人	项目来源	课题名称
1	祝尔娟	天津市滨海新区发改委	提升滨海新区国际化水平研究（2012年完成）
2	祝尔娟	北京市科学技术委员会	推动首都经济加快融入世界产业新格局研究（2012年完成）
3	祝尔娟	中国发展研究基金会	京津冀资源环境承载能力综合评价研究（2013年完成）
4	祝尔娟	中共北京市委研究室	京津冀区域协调发展研究（2013年完成）
5	文魁	北京哲学社科规划办	首都经济圈的目标定位与战略重点研究（在研）
6	叶堂林	北京哲学社科规划办	北京城市功能疏解与首都圈城镇体系研究（在研）
7	吴庆玲	北京哲学社科规划办	北京新城建设成效评价及政策建议（在研）

（二）出版的专著

序号	姓名	著作名称	出版单位及出版时间
1	祝尔娟等	京津冀产业发展升级研究——重化工业和战略性新兴产业发展现状、趋势与升级	中国经济出版社　2011.11
2	文魁 祝尔娟	京津冀区域经济一体化发展报告（2012）	社会科学文献出版社　2012.3
3	文魁 祝尔娟	京津冀发展报告（2013）——京津冀承载力测度与对策	社会科学文献出版社　2013.3
4	文魁 祝尔娟	京津冀发展报告（2014）——城市群空间优化与质量提升	社会科学文献出版社　2014.3

续表

(三) 发表的学术论文

序号	姓名	论文名称	期刊名称及出版时间	期刊级别
1	祝尔娟	世界城市建设与区域发展——北京建设世界城市与区域合作的关系探讨	《现代城市研究》2011（11）	核心期刊
2	祝尔娟 齐子翔	推进京津冀区域经济一体化	《经济学动态》2012（2）	权威期刊
3	祝尔娟 祝 辉	基于多重视角的承载力理论分析与路径选择	《首都经济贸易大学学报》2013（5）	核心期刊
4	叶堂林	特大城市形成演化规律的研究综述	《中国经贸导刊》2012.6	核心期刊
5	叶堂林	"十二五"期间京津冀产业升级及整合研究	《开发研究》2011.1	核心期刊
6	叶堂林	京津冀产业低碳化升级的路径及策略研究	《开发研究》2012.3	核心期刊
7	叶堂林	北京建设世界城市背景下门头沟区产业结构调整探讨	《中国经贸导刊》2012.2	核心期刊
8	叶堂林	北京可再生能源发展战略重点及政策建议研究	《生态经济》2012.5	核心期刊
9	牛立超	中国经济的潜在增长率、阶段性特征及其平衡	《学术交流》2011.12	核心期刊
10	牛立超 祝尔娟	区域竞合：北京建设世界城市的模式选择	《京津冀都市圈的崛起与中国经济发展》经济科学出版社2012.8	论文集
11	牛立超	北京建设世界城市与区域腹地的关系研究	《"十二五"时期京津冀发展研究》，中国经济出版社2010.10	论文集
12	牛立超	主导产业变迁规律对战略性新兴产业发展的借鉴与启示	《商业时代》2011.10	核心期刊
13	张贵祥	环首都生态卫星城发展的机遇与重点	《首都经济贸易大学学报》2010.2	核心期刊
14	张贵祥	首都国际功能区外籍人口的服务与管理新探	《世界城市建设与发展方式转变》中国经济出版社2011.10	论文集
15	张贵祥	水资源风险与水安全对策	《城市安全：首都国际化进程研究报告》中国经济出版社2010.8	论文集

续表

序号	姓　名	论文名称	期刊名称及出版时间	期刊级别
16	张贵祥	首都低碳发展的国际合作与竞争	《世界城市建设与发展方式转变》中国经济出版社 2011.10	论文集
17	吴庆玲	开启京津冀区域经济一体化新篇章	《首都经济贸易大学学报》2012.5	核心期刊
18	吴庆玲	对北京新城环境建设的几点思考	《特区经济》2011.12	核心期刊
19	吴庆玲	对京津冀区域城市体系规模结构优化的思考	《经济研究参考》2012.8	核心期刊
20	陈　飞 祝尔娟	天津滨海新区国际化问题分析——兼与浦东新区和深圳的比较	《首都经济贸易大学学报》2012（5）	核心期刊
21	陈怡安 齐子翔	滨海新区国际化水平评价指标体系研究	《经济体制改革》2012.12	CSSCI

主要课题成果展示

（一）课题报告

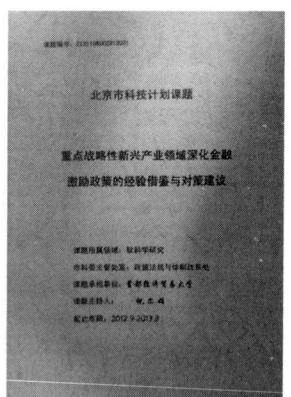

（二）主要专著

（三）政策咨询

1. 通过中国社科院向国务院办公厅提交"成果要报"，直接用于领导决策。

2. 通过北京市社科规划办以"成果要报"形式提交给北京市委、市政府主要领导做决策参考。

3. 受北京市委研究室委托，承担了"京津冀区域协调发展研究"课题，其研究成果为政府决策提供了重要参考。

4. 受中国发展研究基金会委托，承担了"京津冀资源环境承载能力的综合评价"子课题。部分研究观点及建议对其完成从中央层面推进京津冀地区协同发展的一揽子、根本性顶层设计的重大课题"京津冀地区协同发展研究"提供了重要参考。

北京建设世界城市与京津冀一体化发展

中国社会科学院信息情报研究院

稿件采用证明

文魁、祝尔娟同志：

您撰写的《京津冀综合承载力倒逼与对策建议》，刊发在《中国社会科学院要报·专供信息》2013年第75期（国办），特此证明。

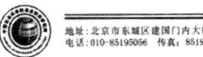

地址：北京市东城区建国门内大街5号　邮编：100732
电话：010-85195056　传真：85196114

北京社科规划项目

成果要报

第 20 期

北京市哲学社会科学规划办公室　　　2013 年 10 月 8 日

领导批示：

建设节水型产业体系 以虚拟水战略
缓解北京水危机

摘要：水资源短缺已成为制约首都经济发展的最大短板。由首都经济贸易大学文魁教授等承担的市社科规划项目"首都经济圈的目标定位及战略重点研究"，在对北京地区水资源现状进行实证分析的基础上，提出实施虚拟水战略，即通过优化产业结构、

190

附录　阶段成果

资政证明

为了进一步摸清京津冀区域资源环境承载力状况,更好地发挥北京在推进区域协调发展中的作用,基于首都经济贸易大学文魁、祝尔娟主编出版的《京津冀发展报告(2013)——承载力测度与对策》专著及其对京津冀区域协调发展的多年研究基础,我研究室于 2013 年 11 月委托祝尔娟教授承担了"京津冀区域协调发展研究"课题。祝尔娟教授率领的研究团队,根据课题的具体要求,在已有研究基础上,根据国内外资源环境承载能力评估的科学方法和指标体系,对京津冀人口、交通、水资源、生态、土地、公共服务以及京津冀三地综合承载力进行了分析和评估,对推进区域协调发展提出了建议,为政府决策提供了重要参考。特此证明。

中共北京市委研究室(公章)
2014 年 1 月 18 日

资政证明

受中央研究机构委托,中国发展研究基金会牵头组织了重大课题"京津冀地区协同发展研究"。课题旨在针对京津冀地区可持续发展能力不强的问题,从区域统筹的角度,提出在中央层面调整完善有关重大战略和政策,推进京津冀地区协同发展的一揽子、根本性的顶层设计。

基于首都经济贸易大学文魁、祝尔娟主编出版的《京津冀发展报告(2013)——承载力测度与对策》专著及其多年研究基础,我研究基金会将"京津冀资源环境承载能力的综合评价"子课题委托给祝尔娟教授来承担,祝尔娟教授率领的研究团队,根据课题的具体要求,在已有研究基础上,根据国内外资源环境承载能力评估的科学方法和指标体系,对京津冀人口承载力、土地资源承载力、水资源承载力、大气及生态环境承载力、交通基础设施承载力、能源承载力等进行了分析评估,并针对资源环境"短板"提出提升京津冀承载力的基本路径与政策建议。研究报告中对京津冀地区的水、土、空气、生态、环境、交通、能源等自然本底要素状况的分析及其承载力评估,对提升资源环境承载力的对策建议等,对课题总报告的完成帮助极大,部分判断和建议被总报告所采纳。特此证明。

中国发展研究基金会(公章)
2014 年 1 月 18 日

191

图书在版编目（CIP）数据

北京建设世界城市与京津冀一体化发展/祝尔娟等著.—北京：社会科学文献出版社，2014.8
 ISBN 978-7-5097-6082-6

Ⅰ.①北… Ⅱ.①祝… Ⅲ.①城市建设-研究-北京市 ②区域经济发展-研究-华北地区 Ⅳ.①F299.271 ②F127.2

中国版本图书馆CIP数据核字（2014）第114030号

北京建设世界城市与京津冀一体化发展

著　　者 / 祝尔娟　叶堂林　等

出 版 人 / 谢寿光
出 版 者 / 社会科学文献出版社
地　　址 / 北京市西城区北三环中路甲29号院3号楼华龙大厦
邮政编码 / 100029

责任部门 / 经济与管理出版中心（010）59367226　　责任编辑 / 林　尧
电子信箱 / caijingbu@ssap.cn　　　　　　　　　　责任校对 / 李　俊
项目统筹 / 恽　薇　高　雁　　　　　　　　　　　责任印制 / 岳　阳
经　　销 / 社会科学文献出版社市场营销中心（010）59367081　59367089
读者服务 / 读者服务中心（010）59367028

印　　装 / 三河市尚艺印装有限公司
开　　本 / 787mm×1092mm　1/16　　　　印　　张 / 13
版　　次 / 2014年8月第1版　　　　　　　字　　数 / 138千字
印　　次 / 2014年8月第1次印刷
书　　号 / ISBN 978-7-5097-6082-6
定　　价 / 49.00元

本书如有破损、缺页、装订错误，请与本社读者服务中心联系更换
△ 版权所有　翻印必究